MANAGEMENT SITUATIONNEL 1

les voies de l'autonomie
et de la délégation

COLLECTION "PRATIQUES EN QUESTION"
dirigée par Didier Noyé et Étienne Verne

SÉRIE "MANAGEMENT SITUATIONNEL" animée par Dominique Tissier et Étienne Verne

DOMINIQUE TISSIER

MANAGEMENT SITUATIONNEL 1

les voies de l'autonomie et de la délégation

INSEP ÉDITIONS
31, RUE DE MOGADOR, 75009 PARIS
Tél. : (1) 42.85.79.79

ISBN 2.901.323.30.8
ISSN 0.985.1348

INSEP Éditions

31, rue de Mogador
75009 Paris

Pour MARIE

Au fil des séminaires
ma plume s'est nourrie d'encre et de force

Au fil de notre vie
elle s'est nourrie de tendresse

Nos remerciements vont

À Jacques PIVETEAU qui a su ouvrir la voie,

À tous ceux qui, dans l'équipe de l'INSEP, ont développé le management situationnel et notamment à
Jean BARRANGER, Joëlle BERGER,
Maxime LEROUX,

À Catherine BUCHILLET,
Dominique GENELOT et Didier NOYÉ
pour leur lecture attentive et clairvoyante.

COMMENT LIRE CE LIVRE ?
de trois manières différentes

NIVEAU 1 : **INFORMATIQUE RAPIDE**

Vous souhaitez prendre connaissance dans un temps minimum des principales idées développées dans ce livre.

Lisez le premier chapitre et les pages de tête des six autres chapitres et parcourez tableaux et schémas. En quarante-cinq minutes maximum vous connaîtrez l'essentiel du contenu de ce livre.

NIVEAU 2 : **INFORMATION APPROFONDIE**

Vous souhaitez prendre connaissance de l'ensemble des idées et des méthodes contenues dans ce livre.

Lisez sélectivement les différents chapitres selon vos pôles d'intérêt. Ne remplissez pas le questionnaire et ne lisez pas les chapitres consacrés à son dépouillement. En une heure ou deux, vous connaîtrez l'essentiel du contenu de ce livre.

NIVEAU 3 : **AUTOFORMATION**

Vous souhaitez utiliser pour vous-même les méthodes proposées dans ce livre.

Lisez l'ensemble du texte, remplissez et dépouillez les questionnaires, prenez des notes. Faites le rapprochement avec votre propre situation et déterminez-vous des objectifs. Durée probable : de trois à six heures.

SOMMAIRE

PRÉFACE

J'aime ce livre pour deux raisons :

En premier lieu, il est un hommage et l'expression d'une fidélité à notre ami Jacques Piveteau, prématurément disparu en mai 86. Dès la fin des années 70, Jacques avait développé à l'INSEP le concept de management situationnel, en élargissant et en approfondissant des travaux américains et canadiens.

Ce travail a trouvé tout son sens et sa cohérence dans l'idée que l'efficacité passe par le développement de l'autonomie des personnes.

Dominique Tissier et Etienne Verne, avec une équipe de consultants de l'INSEP, ont continué avec bonheur cette recherche. Qu'ils entreprennent aujourd'hui de nous livrer, dans une série de quatre ouvrages, l'essentiel des méthodes mises au point autour de ce concept de management situationnel témoigne de la vitalité de cette équipe. On ne pouvait imaginer meilleur hommage à Jacques Piveteau.

En second lieu, j'aime ce livre pour sa pertinence, sa justesse de ton et son utilité.

Il est pertinent en ce sens qu'il répond à la difficulté rencontrée par les responsables actuellement : adapter leur style de management à l'individualisation et à la complexité croissantes de nos sociétés.

Qu'on s'en réjouisse ou qu'on le déplore, le phénomène d'individualisation et d'éclatement des valeurs est un fait. On ne peut plus faire appel, pour motiver des individus, aux grands idéaux qui mobilisaient naguère le plus grand nombre. Pour trouver son efficacité le management doit se personnaliser.

A l'individualisation se combine la complexification de la société en général et des entreprises en particulier. L'imprévisibilité des événements, l'extraordinaire imbrication des causalités, la mondialisation des phénomènes rendent nos organisations humaines ingouvernables.

Dès lors, la meilleure parade à cette ingouvernabilité ne consiste-t-elle pas à mettre un maximum de personnes en état de réagir localement pour le meilleur intérêt de l'ensemble auquel elles appartiennent ? Pour cela, il convient de développer leur autonomie. C'est l'un des objectifs du management situationnel.

Pertinent dans sa réponse à des préoccupations très actuelles, ce livre sait néanmoins garder un ton juste. Il ne prétend pas à l'universalité. Il s'intéresse seulement aux situations les plus fréquemment rencontrées par les responsables en charge de management des personnes : conduire des entretiens professionnels, fixer des objectifs, animer une équipe, maintenir une motivation, développer des compétences.

Je pense enfin que cet ouvrage sera utile. Les managers auxquels il s'adresse n'y trouveront pas les exhortations habituelles sur les vertus du management participatif, mais des techniques précises pour analyser les situations auxquelles ils sont confrontés et pour faire progresser calmement mais sûrement la motivation et la compétence de leurs collaborateurs.

Je souhaite au lecteur de partager le sentiment d'optimisme raisonné que j'ai éprouvé moi-même au fil de ces pages.

Dominique GENELOT
Président Directeur Général de INSEP S.A.

CHAPITRE 1

LE MANAGEMENT SITUATIONNEL
De quoi s'agit-il ?

1. INTRODUCTION SOUS FORME DE DIALOGUE

L'auteur répond ici aux questions d'un manager souriant mais sceptique. Qu'est-ce donc que ce management « situationnel » et que peut-on en attendre ?

2. PRÉSENTATION GÉNÉRALE

Ce dialogue est suivi d'une présentation des points-clefs de la méthode puis du contenu de ce livre. Le lecteur qui le souhaiterait pourrait se reporter directement à cette présentation, page 22.

INTRODUCTION SOUS FORME DE DIALOGUE

Le responsable Alors ce management « situationnel », c'est la dernière nouveauté américaine, n'est-ce pas ?

L'auteur Pour être franc, ce n'est pas vraiment une nouveauté. Le management situationnel, qui comprend plusieurs « écoles », a maintenant près d'une vingtaine d'années aux Etats-Unis et une bonne dizaine en Europe de l'Ouest. Ce qui est nouveau, c'est la synthèse entre ces différents courants et la mise au point d'une méthode adaptée au contexte français actuel.

Le responsable D'un certain point de vue, dix ans c'est peu. Voilà maintenant quelques siècles que des hommes dirigent d'autres hommes, avec souvent de bons résultats. Qu'est-ce qui change donc au point que nous ayons besoin de méthodes nouvelles ?

L'auteur Bien des choses évoluent dans notre société : la façon dont nous nous déplaçons, dont nous concevons le temps, dont nous élevons nos enfants, dont nous mangeons... et tout cela transforme profondément les attentes des hommes et des femmes qui viennent travailler dans les entreprises, la manière dont ils acceptent ou non l'autorité de leurs chefs responsables et patrons... et la façon dont ceux-ci gagnent à exercer cette autorité pour obtenir des résultats.

Le responsable Ah ! Je vois, vous êtes partisan des méthodes participatives.

L'auteur La participation a ses vertus mais la directivité aussi quand elle est judicieusement employée.

Le reponsable (surpris)... Eh bien merci, vous réhabilitez une partie de mon métier, mais vous ne m'avez toujours pas expliqué ce que vous appeliez « management situationnel »... Je pense que cela n'a rien à voir avec le fait d'avoir « une bonne situation », n'est-ce pas ?

L'auteur C'est exact. Nous employons le terme de « situation » pour parler des événements qui jalonnent la vie de travail d'un responsable et du contexte dans lequel ils surviennent : une rencontre avec un collaborateur, une décision à prendre, un projet à soutenir, etc. Le management situationnel propose d'exercer des styles de management variés vis-à-vis des personnes et des groupes dont vous avez la responsabilité pour vous adapter aux différentes situations rencontrées.

Le responsable Ah bon ! C'est donc de gestion des personnes qu'il s'agit... Et vous dites qu'il n'y a pas de bon style pour « manager » les gens ?

L'auteur Non. Je crois que c'est Lincoln qui disait que son meilleur général[1] buvant comme un trou, il allait commander un tonneau

---

1 Il s'agissait du Général Grant vainqueur de la guerre civile américaine. Cette citation de Lincoln était dans le New York Herald du 26 novembre 1863. (Cité par Ogilvy, 1983).

de son whisky préféré pour le faire boire aux autres...

Le responsable Le secret du management réussi au fond du tonneau ? Pourquoi pas ? ... Mais je ne sais pas si ma direction me donnerait un budget pour ça !... Alors d'après vous, être efficace c'est savoir s'adapter aux situations ?

L'auteur Non, bien entendu. Il ne s'agit pas simplement de s'adapter mais aussi de faire progresser les situations...

Le responsable ... vers une plus grande participation !

L'auteur ... vers une plus grande délégation, ce qui suppose de développer en permanence la compétence et la motivation des personnes et des équipes.

Le responsable Sur le principe, ça me paraît plutôt bon mais je reste sceptique sur la mise en œuvre. Vous autres... consultants, avez beau jeu de préconiser des méthodes.

L'auteur ... Là, je vous arrête, d'abord parce que les consultants exercent des responsabilités dans des entreprises comme les autres et ensuite parce que le propre de cette méthode est justement de fournir des moyens très pratiques pour la mise en œuvre.

Le responsable Ah bien ! Donc ce livre donne tous les éléments pour pratiquer soi-même...

L'auteur Ce livre donne les bases, mais doit être complété par un entraînement pratique.

Il sera suivi par d'autres ouvrages qui seront spécialisés dans un type d'application précis : les entretiens professionnels, le management des groupes, le développement de la motivation, etc.

Le responsable — Bon, c'est intéressant votre technique. Je vais le faire lire à un de mes collaborateurs qui débute dans le métier...

L'auteur surpris — Mais... vous-même...?

Le responsable — Oh moi, vous savez, ça fait dix ans que je suis en situation de responsabilité et que, pour reprendre votre terme américain, je « manage » des gens.

L'auteur — Ah bon, et comment faites-vous ?

le responsable — Quoi comment ?

L'auteur — Comment faites-vous pour les manager ?

Le responsable — Ecoutez....ça marche plutôt bien.

L'auteur — Comment le savez-vous ?

Le responsable — ...

L'auteur — Pardonnez-moi, je suis convaincu de votre talent de manager, car je connais plusieurs de vos collaborateurs. Mais je savais que vous auriez du mal à répondre à ma question, car il est très difficile d'accéder à la connaissance des choses que nous savons bien faire.

J'ai rencontré au fil des séminaires des individus extraordinairement doués pour réaliser les activités les plus variées depuis les finances jusqu'au marathon en passant par les mots croisés, la mémoire prodigieuse et même les mathématiques. Chacun d'entre eux avait des stratégies personnelles efficaces pour ces activités et c'était fascinant de les voir à l'œuvre... mais plus difficile de reproduire leur compétence !

D'ailleurs, nous sommes rarement « excellents » dans tous les domaines d'expérience. Prenez, par exemple, votre façon de manger, de courir, ou même de vous tenir debout. Parlez-en avec un nutritioniste, un entraîneur sportif ou un kinésithérapeute[1] : vous apprendrez ce que vous faites de très bon et de moins bon, voire de contraire à votre avenir physiologique...

Le responsable Vous voulez dire que pour le management...

L'auteur Je sais que vous accomplissez d'excellentes performances dans certains domaines ou avec certaines personnes mais de moins bonnes avec d'autres. La technique du management situationnel consiste à faire le point sur ces manières de faire et à ré-examiner vos stratégies pour en construire d'autres plus efficaces quand cela est nécessaire.

Le responsable Intéressant, mais qu'est-ce qui me garantit l'efficacité de votre méthode ?

---

1 Un seul, bien sûr.

L'auteur Les résultats que vous obtiendrez.

Le responsable Comment les évaluer ?

L'auteur Avec les outils que nous vous proposons !

Le responsable J'aurais encore bien des question à vous poser, mais au point où nous en sommes j'aimerais en savoir plus sur la méthode elle-même et surtout voir les applications pratiques.

L'auteur A votre disposition, d'abord pour une présentation de la méthode[1], puis pour une nouvelle rencontre[2] !

---

1 C'est l'objet des quelques lignes qui suivent puis des chapitres 2 à 5.

2 Ce deuxième dialogue aura lieu après le chapitre 5 page 153.

PRÉSENTATION GÉNÉRALE SYNTHÉTIQUE

1. LE MANAGEMENT SITUATIONNEL

Nous savons aujourd'hui qu'il devient de plus en plus difficile de maîtriser le devenir des grandes organisations de par l'accroissement de leur complexité et la diversité des attentes de ceux qui les composent. Notre époque appelle des réponses pragmatiques et innovantes accompagnées d'une transformation régulière et progressive des comportements et des mœurs.

C'est dans cet axe que le management situationnel s'inscrit. Il consiste en un ensemble « intégré » de méthodes de management orienté autour d'un système de valeurs. Il a pour fonction d'aider à l'évolution des mœurs dans une organisation en diffusant une nouvelle manière d'exercer l'autorité et la responsabilité.

MANAGEMENT

Ce terme renvoie au management des personnes avec cette nuance qu'il est souvent difficile de déterminer, dans les opérations quotidiennes, ce qui relève spécifiquement de la conduite des hommes et de l'exercice du métier. C'est donc un ensemble très vaste d'occasions de rencontres entre responsables et collaborateurs qui est désigné ici.

1. Une des premières « lois » du management situationnel est que l'efficacité d'un manager passe par le développement des personnes dont il a la responsabilité, ce développement assurant à terme la réussite collective.

SITUATIONNEL

Ce terme renvoie à la diversité des individus qui exige que les managers disposent d'une gamme très variée de comportements.

2. La seconde « loi » du management situationnel indique qu'aucun style ou tempérament n'est a priori recommandable mais que l'efficacité consiste à adopter, à un instant donné, le ou les styles que commande la situation.

MANAGEMENT SITUATIONNEL

Le regroupement des deux termes désigne un ensemble d'outils efficaces et actuels pour adapter le mode de management aux situations en utilisant l'autonomie des individus et des groupes comme indicateurs de base.

3. La troisième « loi » du management situationnel indique en effet que l'efficacité consiste à évaluer en permanence l'autonomie des personnes et des groupes. Celle-ci est définie comme la somme de la motivation et de la compétence. Le choix du style de management dépend alors du niveau d'autonomie identifié.

4. La quatrième « loi » précise que le rôle d'un manager est de créer les conditions propices au développement de cette autonomie dans le cadre des projets et des solidarités collectives. Il s'agit alors de répondre à une attente présente chez un grand nombre de personnes parce qu'elle correspond à une profonde évolution culturelle et sociale.

2. LES OUTILS PRÉSENTÉS DANS CE LIVRE

Rappelons que ce livre a pour fonction de présenter les bases de la méthode. Pour cela nous avons choisi de permettre au lecteur d'apprécier par lui-même le contenu des techniques situationnelles en examinant des outils d'autodiagnostic et des exemples commentés. Les chapitres finaux exposeront quelques-uns des développements du système d'ensemble dans l'entreprise.

LE CHAPITRE 2
LA QUÊTE D'AUTONOMIE

Développe les raisons du choix de l'autonomie comme indicateur-clef pour adapter le style aux situations. On y situe cette notion dans un contexte plus large en distinguant dans le courant d'individualisation actuel autonomie et individualisme et en montrant que la clef de la performance collective passe par l'autonomie.

Le lecteur qui souhaiterait une introduction directe aux techniques du management situationnel pourrait aborder immédiatement le questionnaire d'autodiagnostic qui suit le chapitre 2 page 51 ou le chapitre 3 page 63.

LE CHAPITRE 3
LA CARTE DES STYLES DE MANAGEMENT

Propose une cartographie des comportements des individus en situation de responsabilité. On y trouve la description des « styles » directifs, persuasifs, participatifs, et délégatifs conçus comme des rôles exercés momentanément dans des situations précises

Notre approche ne consiste pas ici à tracer des portraits psychologiques mais à identifier les comportements les plus efficaces dans un contexte donné. Aucun style n'est donc a priori bon ou mauvais, l'efficacité provenant du discernement avec lequel un manager choisit de l'exercer et du talent avec lequel il le met en œuvre.

D'un point de vue pratique, la carte des styles est limitée à quatre positions pour permettre une bonne intégration et une utilisation effective sur le terrain. Des fiches résument les points-clefs de chacun des styles et permettent au lecteur pressé de prendre connaissance du contenu principal du chapitre.

LES CHAPITRES 4 et 5

LES VOIES DE L'AUTONOMIE et COMMENT ÉVALUER L'AUTONOMIE DE VOS COLLABORATEURS ?

Exposent la manière dont les styles peuvent être mis en œuvre dans le temps à travers des cycles progressifs et régressifs dans lesquels comportements du manager et autonomie du collaborateur sont mis en rapport. Le chapitre 4 expose les écueils que l'on rencontre en naviguant vers l'autonomie. Le chapitre 5 indique comment évaluer l'autonomie à partir de la compétence (le collaborateur sait faire) et de la motivation (le collaborateur veut faire). L'analyse d'un entretien montre comment les quatre niveaux d'autonomie peuvent être identifiés à travers les réactions, les propos et les silences d'une personne. Là aussi des fiches reprennent les points-clefs des exposés.

LES CHAPITRES 6 et 7

POUR DEVENIR UN MANAGER SITUATIONNEL et UN OUTIL POUR LE DÉVELOPPEMENT DE l'ENTREPRISE

Présentent les applications de la méthode comme outil de diagnostic et support de formation au management des personnes et des groupes (chapitre 6) puis comme technique d'intervention sur la « culture » d'une entreprise (chapitre 7).

3. LES FUTURS OUVRAGES

Les ouvrages à venir aborderont notamment la conduite des entretiens professionnels, le management des groupes et des équipes de travail et le développement de l'autonomie à moyen et long terme.

CHAPITRE 2

LA QUÊTE D'AUTONOMIE

Le recherche d'une véritable autonomie et, à l'inverse, la tendance à l'individualisme égocentrique sont deux aspects d'un même courant d'individualisation qui se manifeste dans de nombreux domaines de la vie culturelle et sociale.

Les personnes qui possèdent fortement ce besoin d'autonomie reconnaissent l'importance de cumuler de l'expertise en multipliant les expériences professionnelles, et cherchent à se réaliser au travers d'activités et de projets dont elles partagent la responsabilité avec différents partenaires.

Les entreprises vivent actuellement des temps de recherche de compétitivité et de performances. C'est en suscitant et en développant une plus grande autonomie dans le travail qu'elles pourront mieux mobiliser les énergies disponibles.

Le management situationnel offre un ensemble de techniques propres à faciliter de manière concrète et précise un tel développement.

1. UN FRANÇAIS À PIED AU PÔLE NORD

Le 11 mai 1986, le docteur Jean-Louis Etienne parvenait au pôle Nord au terme d'une marche de deux mois avec pour tout bagage un traîneau d'une cinquantaine de kilogrammes. Pour la première fois, le drapeau français était planté au pôle.

C'est donc un homme seul qui, parvenant à franchir les 1 200 kilomètres d'un désert gelé, s'est élancé sur les traces de nombreuses expéditions menées en équipe, avec chiens, traîneaux, et matériel abondant.

L'auteur de cette performance est le représentant d'une génération de montagnards qui réalisent leurs expéditions avec un équipement ultra léger. Au cours des dernières années, il a participé à plusieurs expéditions himalayennes qui ont ainsi gravi des sommets avec de petits groupes là où les générations précédentes constituaient des équipes nombreuses transportant plusieurs tonnes de matériel.

Sur la banquise, Jean-Louis Etienne va rencontrer une expédition américaine de ce type. Invités à venir visiter son campement, les Américains s'étonnent devant la modestie de son équipement : « Ils n'en reviennent pas, je les sens admiratifs - et surtout d'une insatiable curiosité. Je devine qu'ils mesurent ce que tout cela implique de solitude et des risques, mais aussi d'autonomie et de liberté que d'avancer vers le pôle avec cette panoplie d'aventurier... cinquante kilos. » (Jean-Louis Etienne, 1986)

Solitude et risque, autonomie et liberté : voila les termes de l'équation posée par un Français en 1986. S'agit-il d'un être exceptionnel, directement issu de la lignée des fondateurs de l'alpinisme ou de l'aéropostale ? Ou de l'un des représentants d'une corporation invisible de « faiseurs d'exploits » ? Ces hommes-là, s'ils existent, sont-ils en marge de notre société ou incarnent-ils une tendance que chacun pourrait voir se manifester sous des formes variées dans son environnement proche ?

Le lecteur aura deviné que cet exploit n'est pour nous qu'un exemple parmi beaucoup d'autres, qui témoigne d'une profonde transformation sociale à l'œuvre sous des formes variées dans l'ensemble des sociétés industrielles avancées dont la France fait partie, et qu'on peut y voir un message important pour les hommes d'entreprise.

2. LA CORPORTATION INVISIBLE DES « FAISEURS D'EXPLOITS »

Dans son numéro de septembre 1986, la revue « Ça m'intéresse » présente un ensemble de défis solitaires relevés au cours des dernières années : vol en deltaplane au-dessus de l'Etna (Jacques Duc), traversée du Pacifique à la rame (Peter Bird), saut en maillot de bain dans les eaux glacées du Groënland (Don Habrey), traversée terrestre Alger-Abidjan en jogging (Gérard Vacher), escalades successives de plusieurs sommets alpins en solitaire (Jean-Marie Boivin, Christophe Profit), saut en parachute depuis le sommet d'un barrage (Tucker, Mac Carthy), ski « extrême » sur des pentes à plus de 60° (Patrick Vallençant), escalades « libres » (sans corde) de falaises de plus en plus raides (Edlinger, Destivelle, Droyer, Godoffe, le Menestrel,...), etc. Certains réalisent même des combinaisons. En 1985, Jean-Marc Boivin a escaladé le sommet du « G2 » (8 035 mètres, dans l'Himalaya) pour... en redescendre en aile volante, tandis que Pierre Gevaux sautait en parachute de la même montagne et que Thierry Renard redescendait à ski par la face sud !

Et il ne s'agit là que d'exploits recensés, médiatisés, connus et contrôlés, alors que des centaines d'autres, anonymes mais parfois aussi ambitieux, se réalisent fréquemment. Pourquoi ? Comment ? La question du pourquoi, qui supposerait de s'interroger sur la psychologie personnelle des chercheurs d'exploits ne nous intéresse pas. Seule compte pour nous la question du « comment », c'est-à-dire la façon dont ces femmes et ces hommes accomplissent leurs actions remarquables.

3. COMMENT FONT-ILS ?

Les coureurs d'exploits 1986 ne sont pas des rêveurs ou des nostalgiques des années 1968. Ils sont bien ancrés dans le présent et dans leur époque. Ils construisent leur projet avec une motivation puissante et une compétence réelle, proche du professionnalisme. Pour cela, ils savent utiliser la technologie, se préparer avec rigueur, rester à l'écoute d'eux-mêmes, assumer jusqu'au bout la responsabilité de leur choix et s'entourer d'un réseau actif de soutien.

3.1. LA TECHNOLOGIE AU SERVICE DE L'EXPLOIT

J.-L. Etienne est, à cet égard, un homme symbole. Pour marcher seul sur la banquise, il utilise le ravitaillement extérieur par avion, le positionnement par satellite, les mousses à cellules fermées et un traîneau ultra léger. Dans les interviews, dans son livre, il souligne largement cet aspect de son aventure, et parle du mélange de carbone-kevlar dont est construit son traîneau, « symbole de ma démarche d'utiliser les matériaux de l'ère spatiale pour vaincre l'un des territoires les plus archaïques de la planète » (Etienne, 1986). Etre de son temps, nous dit Etienne, c'est vivre avec la technologie, savoir l'utiliser, ne pas se laisser limiter par elle.

A l'extrême, certains reviennent aux sources, et, non contents de maîtriser la technologie, affirment leur capacité à s'en passer lorsqu'ils le veulent. Qui n'a tremblé à la vision de Patrick Edlinger suspendu par une main entre ciel et terre, à trois cents mètres au-dessus du torrent du Verdon ? Plus de corde, plus de pitons : L'homme est seul face au rocher, avec ses propres ressources. Mais quelle préparation pour arriver à ce degré de maîtrise !

3.2. UNE PRÉPARATION QUASI PROFESSIONNELLE

Rien n'est laissé au hasard dans la recherche de l'exploit, et c'est un véritable professionnalisme que nous allons découvrir dans la manière dont « ils » préparent leurs expéditions, leurs escalades, leurs vols, leurs courses,...

La préparation est d'abord physique : on connaît les possibilités de force et de souplesse d'Edlinger pour les avoir vues à l'œuvre dans ses films. Nombre de grimpeurs de haut niveau pratiquent le même entraînement quasi quotidien. Pour Etienne, c'est tout un mode de vie orienté vers l'aventure, avec l'escalade de plusieurs sommets himalayens, des courses en haute mer, et plus de deux ans de préparation technique préalable à la conquête du pôle. L'exploit n'est pas l'aventure au fil du hasard. Il se prépare, se calcule, s'organise.

Mais les muscles ne sont pas seuls à être entraînés, c'est aussi l'alimentation qui est examinée soigneusement. Le guide et alpiniste Christophe Profit utilise un régime particulier pour ses ascensions alpines multiples, Jean-Louis Etienne est consultant à l'Institut supérieur d'alimentation et mettra au point des rations spéciales pour le pôle.

Le contrôle de la respiration, les techniques de relaxation sont employées comme dans le sport de haut niveau : Don Habrey souligne que le réflexe « naturel » de l'homme plongeant dans des eaux glacées aurait été, pour lui, mortel, et que seul le contrôle respiratoire lui a permis de réaliser non seulement un, mais plusieurs plongeons successifs pour les besoins du tournage du film sur son exploit.

3.3. L'ÉCOUTE ET LA CONNAISSANCE DE SOI

Face aux éléments, la connaissance de soi est une nécessité vitale. Les grimpeurs qui réalisent des ascensions sans cordes ni moyens d'assurance le savent bien, et beaucoup d'entre eux ne programment jamais ces escalades-là, se réservant de les mener lorsqu'ils « savent » que le moment est venu de le faire.

L'exploit individuel est une occasion exceptionnelle de mesurer ses propres réactions face à l'action, et de marcher à la frontière de la peur qui amène lucidité et concentration et la peur qui diminue les ressources et « fait perdre les moyens ». Lorsque l'on est seul à décider, il faut être sûr de ses choix : « J'aime sentir mon intuition fonctionner à toute vitesse », dit Edlinger.

Pour beaucoup, c'est d'ailleurs là un apprentissage qui ne se limite pas à leur discipline, mais concerne la vie en général. De la peur, Edlinger dit qu'elle est « ce qui t'empêche de vivre à fond, pas seulement en escalade, mais dans la vie en général ». Certains courent même à l'exploit pour développer une force intérieure, une énergie personnelle qui viendra lorsqu'il faudra relever le défi que l'on s'est lancé à soi-même.

3.4. RESPONSABLES, JUSQU'AU BOUT

Pour Etienne, un des risques majeurs consistait en l'attaque d'un ours sur la banquise. Il s'est donc livré à une évaluation précise des risques de rencontre, puis des chances de pouvoir utiliser un fusil dans une telle circonstance : « Après de sérieux calculs de probabilité, nous en avons déduit que dans quatre-vingt-quatre pour cent des cas de figure une arme serait inutilisable (...)

J'ai choisi d'avoir en réserve de quoi manger en cas d'absence prolongée d'avion, plutôt que d'avoir en réserve de quoi tuer en cas de présence spontanée d'ours ». La nourriture plutôt que l'arme. Lorsque chaque kilogramme compte, parce qu'il faut le porter sur un traîneau que l'on tire, il faut faire des choix. Le risque est alors analysé, mesuré, puis choisi avec lucidité, en regardant la mort en face.

En escalade « libre », le risque est très apparent, très effrayant même pour le spectateur : c'est la chute, souvent mortelle. En montagne, en falaise, des accidents se produisent régulièrement. Les statistiques montrent d'ailleurs qu'il y a en moyenne un mort par expédition himalayenne.

Mais la disparition d'Arnaud de Rosnay ou de Philippe de Dieuleveult, les événements dramatiques de la course transatlantique de novembre 1986 n'arrêteront pas les coureurs d'exploits. Interviewé par la revue « Ça m'intéresse », Gérard d'Abboville se fera le représentant de la corporation pour préciser que : « Le risque, c'est le sel et le poivre de l'aventure. C'est dans le risque qu'on donne le meilleur de soi-même. On se rend compte de la valeur de sa propre vie ».

3.5 UN RÉSEAU DE SOUTIEN ACTIF

Au milieu du désert, au cœur de l'océan, au-dessus de la terre, on peut aujourd'hui communiquer avec ses semblables, et la plupart des « héros modernes » ne se privent pas de ce contact, faisant appel pour cela aux satellites, aux radios amateurs, aux bases militaires, etc.

Le champion toutes catégories du réseau est probablement le navigateur Philippe Jeantot. Dès sa première victoire, en 1982, dans la course autour du monde par les trois caps, dans les mers les plus difficiles, au cours de laquelle il a pulvérisé tous les records établis, il est resté en contact permanent avec un réseau de radio amateurs à travers le monde qui lui apportaient des informations utiles à la course et au maintien de son moral.

Le réseau est donc à la fois technique, logistique et affectif. Mais il est aussi financier avec, bien sûr, le sponsoring, et la capacité, souvent remarquable, des chercheurs d'exploits à trouver les appuis indispensables à la réalisation de leurs ambitions.

Ce goût de la responsabilité, cette capacité à se préparer en s'appuyant sur un réseau actif, cette connaissance de soi, ce talent, enfin, à concevoir et réaliser un projet personnel de façon autonome sont-ils le fait d'une poignée d'êtres d'élite.

4. FANATIQUES ISOLÉS, SIMPLES STARS MÉDIATIQUES OU MODÈLES DE L'HOMME DU FUTUR ?

La première constatation qui s'impose est que l'accueil du grand public est favorable à la corporation des faiseurs d'exploits. Depuis plusieurs années, films et articles se multiplient, les stars de l'exploit individuel sont invitées à participer à des émissions télévisées, à écrire des livres, à se raconter auprès des journalistes des différents médias. En 1986, Vogue Hommes a choisi Edlinger parmi les dix personnalités qui ont changé la décennie, tandis que le « Match de l'exploit » était attribué à plusieurs grimpeurs (hommes et femmes) et au Docteur Etienne.

Mais s'agit-il là d'une admiration de la foule pour ses héros, qu'il nous faudrait alors assimiler à Conan le Barbare, Indiana Jones ou Mad Max ? A moins que l'ensemble des personnes qui composent cette foule ne se reconnaissent dans l'exploit individuel parce qu'il présente sous une forme très accomplie des tendances qui existent au cœur de chacun ?

Les analyses de la Cofremca sont à ce sujet très éclairantes. On sait que cet organisme s'est donné notamment pour fonction d'analyser les sytèmes de valeurs qui émergent dans la société française. Dans une conférence récente (décembre 1986), son directeur Bernard Devez précisait que la tendance[1] représentée par les coureurs d'exploits (que la Cofremca a baptisé « goût du risque ») est celle qui a le plus augmenté dans les trois dernières années. B. Devez indiquait aussi qu'elle s'inscrit dans le contexte plus global de l'essor d'une « pulsion d'autonomie », qui est représentée sous différentes formes, avec au premier plan : la recherche de l'expression et de l'accomplissement de la personne, la recherche du plaisir et de l'émotion sous toutes leurs formes et l'éloignement des hiérarchies et l'autorité.

5. LA QUÊTE D'AUTONOMIE S'INSCRIT DANS UN LARGE MOUVEMENT D'INDIVIDUALISATION

La recherche de l'autonomie a donc ses racices dans le vaste mouvement d'individualisation qui est apparu il y a plusieurs siècles dans la société européenne[2], et s'est particulièrement renforcé après la dernière guerre. Ce mouvement se caractérise aujourd'hui par un très fort intérêt pour soi-même, couplé avec la nécessité, pour les individus, d'effectuer des choix fréquents face à la diversité de la vie sociale.

---

1 Ces analyses concernent, bien sûr, l'ensemble de la population française.

2 « (...) Vers la fin du XVe siècle, et très certainement dans les villes indépendantes et hardiment commerciales de l'Italie du Nord (...) A l'intérieur de l'homme traditionnel, appartenant à sa société coutumière, une partie neuve se crée et se détache qui acquiert une distance psychologique et une capacité d'autonomie par rapport aux usages de la cité. » (Mendel, 1983, p. 54)

MODE ET CUISINE : LA LIBERTÉ DES CHOIX

Dans le domaine de la mode, comme le montrent Obalk, Soral et Pasche (1984) en analysant le vêtement des 13-25 ans entre 1950 et 1984, les tendances bien marquées des années 1950 ont progressivement laissé la place à une succession de modes selon un rythme accéléré : pop, hippies, babas, punks, new waves, fun,...

A partir des années 80, une mode nouvelle apparaît environ tous les six mois ! Devant ce flux continuel, le consommateur ne peut plus suivre (« assurer »), et la notion même de mode disparaît au profit d'un pluralisme des tendances qui permet toutes les combinaisons : le jeans se porte avec des chaussures en crocodile pour les femmes et une chemise-cravate pour les hommes, Chanel descend dans la rue (toujours avec le même jeans) et change le look de sa publicité tandis que le plus grand classicisme, le B.C.B.G., transcende (presque) toutes les époques ! Plus de règle extérieure donc, dans le vêtement des 13-25 ans, mais une grande liberté et des choix à assumer, en combinant les tendances au gré des désirs pour créer son propre « look ».

Ce sont aussi les mœurs alimentaires qui évoluent depuis un comportement régulé de l'extérieur (les horaires et la structure des repas) vers un comportement autonome (on mange ce que l'on veut, quand on veut, on « grignote » en dehors des repas, etc.). Pour cela, commerces classiques, supermarchés et superette (!) offrent des rayonnages bien remplis, tandis que, dans les grandes villes, toutes les cuisines sont aujourd'hui disponibles.

On peut ainsi, au gré des moyens et du désir, choisir fast food ou restauration classique, chinois ou hawaïen, sud-américain ou ardéchois, macrobiotique ou gastronomique,...

LE SOUCI DE SOI

Le premier aspect de l'individualisation est cet intérêt aigu pour la personne, sa psychologie, son corps, ses désirs et ses besoins,... qui fait de l'expression et de l'accomplissement personnel des valeurs-clefs. On va donc pratiquer des sports individuels (le ski, le surf, la planche à voile et tout ce qui glisse), le deltaplane, le jogging, la plongée, la gymnastique, le karaté, et l'ULM qui met l'avion à taille individuelle). La palme revient probablement au tennis qui a vu le nombre de ses pratiquants multiplié par 5 entre 1975 et 1982, tandis que ceux du football diminuaient de 15 % pendant la même période. On va rechercher un habitat individuel (le recensement de 1982 montre que plus de 50 % des Français sont propriétaires de leur résidence principale, ce pourcentage étant en augmentation régulière), et s'occuper attentivement de soi, corps et esprit (la beauté, les régimes alimentaires, les produits diététiques, les thérapeutes, le zen, le stretching, le rolfing, la médiation, le yoga, etc.).

LE SOUCI DES CHOIX

Parallèlement, les structures sociales se sont modifiées et ont renforcé le phénomène : habitat cloisonné, temps morcelé, communications de masse, ... tandis que le développement de l'industrialisation des biens de consommation multipliait les choix pour les consommateurs.

Dès lors, individualisation et possibilités de choix se sont renforcées mutuellement pour créer la société à la carte, qui offre 800 techniques de développement personnel, 400 arts martiaux, 90 formules de voyages et de séjours pour les vacances, plusieurs dizaines de radios « libres », et de multiples chaînes de télévision. En 1987, les baignoires ne sont plus seulement blanches, les téléphones noirs et les usines grises. Certaines

LA BAISSE DES APPARTENANCES

La plupart des grandes institutions reçoivent de plein fouet ce « choc du présent ». Voici à titre d'illustration quelques données sur la famille et la religion.

LA FAMILLES : Les mariages sont de moins en moins nombreux (417 000 en 1972, 269 000 en 1985), ce qui peut être expliqué par des facteurs démographiques, mais aussi, d'après les experts de l'INSEE (1986) par un double mouvement d'accroissement du nombre de couples formés de deux célibataires (67 000 en 1968, 585 000 en 1985, soit une multiplication par un facteur voisin de 9 !) et du nombre des divorces (37 000 en 1968, 99 000 en 1983). Ce dernier chiffre représente, selon l'INSEE, « un accroissement sans précédent en période de paix ».

Au-delà des données, nous assistons, comme l'écrit Gérard Mermet (1986) à une véritable « dédramatisation » et « désacralisation » du mariage. La famille traditionnelle, source d'appartenance, laisse place à une association de partenaires, à caractère plus ou moins temporaire, au sein de laquelle les rôles sont redistribués entre homme et femme en fonction de la transformation du rôle de celle-ci (accès de plus en plus généralisé aux études supérieures et au monde du travail, contrôle des naissances, partage des tâches quotidiennes, etc.).

Parallèlement, **LA RELIGION** est atteinte dans ses adhésions : le nombre de catholiques, d'enfants baptisés, de prêtres, de religieux et même de mariages religieux est en baisse régulière en France. Mais « Dieu est toujours vivant », comme le souligne Gérard Mermet (1986) car « la proportion des Français qui croient en Dieu est stable ». Bien plus, la proportion des catholiques qui déclarent prier est en augmentation ! C'est donc bien « l'institution-église » qui est en cause, non la ferveur religieuse : « aujourd'hui, lorsque le pape se prononce contre le divorce, la pilule ou l'avortement, 75 % des catholiques déclarent ne pas en tenir compte » (Mermet, 1986). Crise de l'appartenance, donc, et non crise de la spiritualité. Celle-ci se développe parallèlement à travers différentes religions et disciplines, importées d'Orient (Bouddhisme, Hindouisme, Zen, Yoga, Méditations diverses,...) ou puisées dans le fonds occidental (Astrologie, Anthroposophie, Occultisme, Mystiques chrétiennes diverses,...).

entreprises sont mortes pour n'avoir pas su répondre à cette demande de diversité.

Cette extension de la liberté des choix a conduit naturellement à un refus des appartenances trop strictes et des adhésions qui exigent de penser dans une ligne ou dans une autre. Les grands idéaux sont désertés, les partis et les mouvements militants voient baisser le nombre de leurs adhérents, tandis que lors des récents mouvements sociaux de décembre 1986, les grévistes créent des coordinations nationales qui dépassent le pouvoir des syndicats. Ceux-ci connaissent d'ailleurs actuellement une crise, du fait de l'inadéquation entre les revendications collectives centrées traditionnellement sur l'emploi, les conditions de travail et les rémunérations, et les aspirations nouvelles qui sont individuelles, multiples et qualitatives.

C'est, en fait, l'ensemble des secteurs de vie sociale (voir notre encadré : « La baisse des appartenances ») qui sont touchés par ce qui n'est pas un mouvement parmi d'autres, mais bien une vague de fond puissante qui transforme de manière souvent discrète notre façon de vivre et de travailler.

6. L'INDIVIDUALISATION N'EST PAS L'AUTONOMIE

Il y a encore quelques années, cette montée de l'individualisation[1] était volontiers considérée comme une montée de l'individualisme, et associée au repli sur soi-même, au narcissisme[2], à la solitude et à l'incommunicabilité entre les êtres.

---

1 Signalée pour la première fois, à notre connaissance, par Riesman (1964).

2 L'influence dominante dans ce mouvement revient probablement à Christopher Lash (1980), repris par de nombreux auteurs et spécialistes des études d'opinion.

On soulignait alors le nombre de célibataires, l'augmentation des animaux familiers comme « remèdes à la solitude », l'invention du walkman, du magnétoscope, de l'ordinateur personnel comme obstacles à la communication avec autrui, et le nombre croissant de suicides, notamment chez les jeunes. Gilles Lipovetski (1983) parlait de « l'ère du vide », tandis que Bernard Cathelat et les chercheurs du Centre de Communication Avancé constataient l'arrivée dans le paysage de la France des « égocentrés ».

Dans cette conception (schéma 1), l'individualisation génère des individus isolés, privés de projets, sensibles au climat de violence, de peur et d'instabilité sociale, angoissés par un excès de liberté qui exige de se doter de ses propres lois, enclins à se réfugier dans le cocon affectif d'un environnement immédiat sécurisant.

C'est, bien sûr, tout le contraire de ce que nous avons présenté dans les premières pages de ce chapitre à propos des exploits individuels, car l'autonomie représente l'autre face de l'individualisation, à la fois contradictoire et complémentaire de l'individualisme narcissique.

De façon plus précise, l'autonomie est la transposition des tendances que nous avons identifiées pour les coureurs d'exploits. Elle comporte :

- Une large part de centration sur soi, mais avec cette nuance de la recherche active d'une meilleure connaissance de soi à travers l'action, la réflexion, la méditation,...
- La recherche et le choix de projets, « d'investissements », qui aient un sens pour la personne et qui lui permettent de se développer.
- L'ouverture aux autres, mais à ceux que l'on a choisis dans des cercles de diamètres divers, centrés sur le partenaire, la famille, les amis, le travail, les loisirs, les

LES DEUX ASPECTS DE L'INDIVIDUALISATION

INDIVIDUALISATION

Centration sur la personne

Société à choix multiples

Refus des appartenances
et des institutions

INDIVIDUALISME NARCISSIQUE	**AUTONOMIE**
• Repli sur soi • Indépendance • Hors-jeu social • Egocentrisme	• Souci de la valeur personnelle • Recherche active et affirmation d'une identité
• Absence de projet ou projet centré sur soi-même • Consommation hédoniste	• Projet personnel qui tient compte de l'environnement • Goût de la responsabilité
• Repli sur l'environnement proche • Peur sociale Autodéfense • Absence d'esprit d'équipe	• Ouverture sélective aux autres, réseaux • Partenariats, solidarités, esprit d'équipe

SCHÉMA 1

voyages, ou à travers des associations temporaires multiples.

C'est la France des réseaux et des solidarités, faite d'individus qui veulent « faire » et avoir du pouvoir sur leurs propres actes. On y découvre que l'ordinateur personnel est une occasion d'échanger des programmes et de fonder des associations, que les placements financiers peuvent se réaliser en groupe, que le sport est un lieu de rencontres et d'échanges, que la culture peut se construire à travers des associations et groupes multiples, que l'aide sociale est possible (les restaurants du cœur, les disques, les émissions télévisées en faveur de telle maladie ou de tel drame mondial,...) et activement recherchée (la France est leader mondial de l'aide au tiers monde, avec plus de 60 % des interventions[1]).

Les « coureurs d'exploits », les entrepreneurs, certains artistes, les leaders et « gagneurs » de tous horizons deviennent (jusqu'à quand ?) des symboles et des objets d'envie. Dans le numéro 12 de son observatoire, la Cofremca[2] titre : « Plus d'un Français sur trois se verrait volontiers chef d'entreprise ». Et 18 % d'entre nous se reconnaissent tout à fait dans la phase : « Je suis de ceux qui pourraient avoir une entreprise ou monter leur propre affaire ». Bien sûr, de la coupe aux lèvres... mais le désir existe et se répand dans toutes les couches de la population. A défaut d'entreprises, on fondera peut-être l'une des associations qui nous permettront de passer des quelque 900 000 actuellement existantes au chiffre d'un million.

1 Médecins sans frontières, Médecins du monde, Aide médicale internationale, Hôpital sans frontières, etc.

2 Cité par Pascale Weil, (1986).

7. L'ENTREPRISE : UN PÔLE ACTIF POUR LE DÉVELOPPEMENT DE L'AUTONOMIE ?

Plus que d'autres structures dans lesquelles les questions de statut pèsent lourdement sur les possibilités de développement des personnes et sur l'impact des actions des responsables, l'entreprise est un lieu dans lequel des innovations sociales, discrètes ou plus remarquées, sont et seront de plus en plus conduites dans le sens de l'autonomisation des individus.

• D'une part, parce que le travail occupe une place de plus en plus importante dans l'existence, parce qu'on lui consacre beaucoup de temps, parce qu'il peut être une occasion de rencontres, d'échanges, de développement, et aussi parce qu'il se fait de plus en plus rare... A titre d'illustration, un sondage SOFRES NOUVEL OBSERVATEUR[1] montre, pour la première fois, que chez les 13-17 ans « trouver un métier intéressant » devient la première attente vis-à-vis de l'existence, avant la liberté, le bonheur familial, l'amour, le sport, les voyages,...

• D'autre part, parce que ceci crée des attentes très fortes vis-à-vis de ce travail qui doit aussi devenir un « lieu de vie ». Pour cela, les mœurs et les comportements quotidiens, mais aussi le mode d'organisation, les structures d'information et d'autorité de l'entreprise doivent correspondre à ce que chaque citoyen expérimente dans la vie sociale, en dehors de l'entreprise. Tout décalage est immédiatement analysé et douloureusement ressenti.

• Enfin, parce que la tendance à la recherche de l'autonomie dans le travail va se développer dans les années à venir, comme en témoignent, par exemple, les répon-

---

1 Sondage SOFRES réalisé pour Le Nouvel Observateur du 26 Février au 2 Mars 1987, sur un échantillon de 500 jeunes âgés de 13 à 17 ans, selon la méthode des quotas et stratification par région et catégorie d'agglomération.

ses à un autre sondage SOFRES DIGITAL[2] portant sur 1392 cadres. Interrogés sur « Ce qui les fait marcher », et plus précisément sur les caractéristiques d'un poste attirant, les intéressés répondaient en majorité : « une large autonomie » (55 %). Ceci venait avant une rémunération élevée (41 %), l'influence sur la politique de l'entreprise (41 %), la sécurité de l'emploi (23 %), etc.

L'INDIVIDUALISME, DANS L'ENTREPRISE, C'EST

1. LE DESENGAGEMENT, ou le refus d'y investir une partie de soi-même : « Le travail, c'est fait pour gagner de l'argent, la vraie vie, c'est ailleurs... ».

2. LE CARRIÉRISME, ou la gestion de sa propre image et de son avenir à moyen et long terme, le plus souvent au détriment de celui des autres : « Ici, c'est chacun pour soi, et que le meilleur gagne,.... »

3. LES ALLIANCES STRATÉGIQUES, ou la création de réseaux de réciprocité et d'influence. Ces alliances fournissent des recommandations, permettent d'échanger des informations, de propager des rumeurs, etc. : « C'est autour d'une table (de restaurant) que les affaires sérieuses se traitent ».

4. LES AUTRES AU SERVICE DE SOI, ou l'art, pour un manager, de tirer parti des réussites de ses collaborateurs ou collègues pour se mettre personnellement en valeur. Ce comportement est souvent identifié comme particulièrement manipulateur : « Il tire toujours la couverture à lui ».

TABLEAU 2 **INSEP©**

2 Publié par le magazine « Le Point » du 8 septembre 1986, n° 729.

L'entreprise peut donc devenir un pôle de plus en plus actif pour le développement de l'autonomie des personnes. Mais cette évolution ne pourra se faire qu'à travers crises et convulsions diverses, car les deux formes de l'individualisation vont coexister dans les années à venir pour produire une très grande variété d'attentes face au monde du travail. Hormis quelques personnalités très marquées, chaque salarié, chaque manager, sera plus ou moins égocentré, plus ou moins autonome.

Dès lors, chaque individu, et parfois des groupes entiers pourront basculer d'un côté ou de l'autre sous la pression du mode de management de l'organisation et de multiples événements qu'il sera illusoire de chercher à contrôler. Du côté de l'individualisme narcissique (tableau 2), nous trouverons des individus égocentrés qui viennent travailler comme des mercenaires, ou des carriéristes avertis. Du côté de l'autonomie (tableau 3), nous trouverons des individus qui attendent d'une entreprise une responsabilité réelle et un partenariat dans le travail parce que celui-ci constitue l'un des éléments de réalisation de leur projet de vie.

Il nous faut donc inventer et construire des modes d'organisation et de management des personnes qui suscitent la recherche active de l'autonomie, telle que nous l'avons définie dans le tableau 3.

Pour cela, quatre points sont à mettre au premier plan pour le management :

- Développer les dispositifs qui réintroduisent « de l'esprit projet » dans le travail : rotations de postes, missions ponctuelles, groupes de projets, essaimage et intraprenariat,...
- Mettre en œuvre les conditions d'une plus grande individualisation du management des personnes : entretiens annuels généralisés à l'ensemble des catégories de personnel, gestion personnalisée de la mobilité, des salaires, de la formation,....

LA QUÊTE DE L'AUTONOMIE, DANS L'ENTREPRISE, C'EST

1. LA RECONNAISSANCE DE L'IMPORTANCE DU TRAVAIL dans la vie : on y passe beaucoup de temps, on y noue des relations, c'est une source d'identité : IL DOIT AVOIR UN SENS.

2. LA RECONNAISSANCE DE L'IMPORTANCE DE LA VIE HORS TRAVAIL : L'autonomie provient aussi de la somme des expériences et des relations extérieures au monde de l'entreprise.

3. La conviction que LA VALEUR PROFESSIONNELLE est fondée sur la polyvalence, et la capacité à cumuler de l'expérience à partir de situations variées. Cette expérience PERMETTRA D'ÊTRE PRÊT A AFFRONTER DES SITUATIONS NOUVELLES, connues ou inconnues.

4. LE DÉSIR DE FAIRE UN TRAVAIL DANS LEQUEL ON PUISSE INVESTIR UNE PARTIE DE SOI-MÊME PARCE QU'IL PERMET :

- De progresser en compétence.
- De mettre en valeur ses idées, ses projets.
- De faire des choix : d'horaires, d'activités, de lieu, de rythmes, de méthodes,...
- D'être en forme, de prendre plaisir à ce que l'on fait.

5. LE DÉSIR D'ÊTRE RECONNU ET RESPECTÉ POUR CE QUE L'ON EST ET POUR CE QUE L'ON FAIT

6. LE DÉSIR QUE LES RESPONSABLES DE L'ENTREPRISE À TOUS LES NIVEAUX, ET NOTAMMENT LE MANAGER DIRECT, AIDENT À LA RÉALISATION DES POINTS PRÉCÉDENTS

TABLEAU 3 **INSEP©**

- Concilier le développement des personnes avec celui des équipes qui permettent l'enrichissement mutuel et le dépassement des individualismes.
- Permettre aux managers, et notamment à ceux qui composent l'encadrement intermédiaire, de trouver une identité dans l'exercice de nouveaux rôles destinés à susciter et orchestrer dans les actes quotidiens l'autonomie des personnes et le développement des groupes.

8. LE MANAGEMENT SITUATIONNEL : UN ÉLÉMENT DE RÉPONSE

Le management situationnel n'est pas la panacée, et nous préciserons au chapitre 7 (un outil pour l'entreprise) les conditions qui rendent son utilisation véritablement efficace. Mais il offre des techniques claires, pragmatiques, efficaces pour permettre à une entreprise de développer les points précédents.

Il permet notamment de répondre aux questions suivantes :

- Comment orchestrer le développement de l'autonomie des individus ?
- Comment créer des environnements favorables au développement et à l'expansion de l'autonomie du plus grand nombre de personnes ?
- Comment tenir compte des niveaux variés d'attente dans ce domaine, et notamment des personnes qui ne ressentent pas ce besoin d'autonomie, ou souhaitent le manifester en dehors de l'entreprise ?
- Comment concilier l'autonomie des personnes et le développement des groupes ?

Les réponses sont à la fois précises, car elles donnent des lignes de conduite pour les comportements quotidiens, et ouvertes, car elles permettent de construire des stratégies de développement sur le moyen et long terme pour inventer, dans un processus d'apprentissage en commun, de nouvelles façons de vivre et de travailler dans l'entreprise.

POUR CONCLURE

Ce chapitre s'ouvrait sur des exploits sportifs médiatiques, il s'achève par la mise au point d'une méthode de management. Il nous semble important de mentionner que nous n'avons pas voulu proposer dans ces lignes un idéal du manager - sportif de haut niveau ou star du « business show », mais bien souligner que les valeurs naissantes dans notre société appellent les managers à de nouveaux rôles.

Reste que, dans certaines situations, lorsqu'il faut faire face à l'adversité, prendre une décision impopulaire, annoncer une sanction, susciter un engagement, s'opposer à un partenaire de travail, ... le courage physique et la détermination sont des qualités nécessaires aux managers. Et que, pour susciter l'autonomie des autres, les responsables devront de plus en plus travailler à développer leurs propres ressources et à gérer leur équilibre personnel, physique et psychique.

LA QUÊTE D'AUTONOMIE : UNE ILLUSTRATION

S... dirige une unité de recherche et développement dans une grande entreprise française comportant des secteurs de recherche et développement, production, commercialisation. Depuis plusieurs années, de nombreuses études montrent que la mise en œuvre d'un procédé technologique complexe (le procédé SP) se heurte à une barrière technique infranchissable.

S... apprend que plusieurs concurrents travaillent dans ce sens. Il s'intéresse très activement à l'affaire, au point d'en faire un projet personnel. A partir de l'analyse du savoir-faire de la société sur la question, il multiplie les échanges avec différents partenaires, et parvient progressivement à mettre au point une solution technique. Parallèlement, il constitue avec l'accord de la direction un groupe de travail composé de spécialistes de différentes disciplines et de différents secteurs de l'entreprise, intéressés par l'affaire. Ce groupe travaille hors hiérarchie, sans budget, en générant autour de lui un réseau de partenaires et en échangeant au maximum l'information disponible.

Au bout de quelques mois, un responsable du secteur des fabrications réussit à mettre au point un prototype dans ses propres laboratoires. Le groupe continue de progresser pour affiner les solutions techniques et S... parvient alors à intéresser des clients au procédé. Tout s'accélère alors : mobilisation de la direction, mise au point définitive du procédé, prise de brevets, etc. Le procédé SP est aujourd'hui vendu dans plusieurs pays étrangers.

Pourquoi cette anecdote, choisie parmi des dizaines d'autres, pour illustrer l'autonomie ? Parce que le promoteur du projet, comme tous ceux qui y seront associés, ont travaillé par goût et intérêt personnel, hors structures, mais en bonne intelligence avec celles-ci, parce que l'analyse de l'opération montre un rapport coût/résultats exceptionnel. mais aussi parce que cette opération est devenue quasi légendaire dans l'entreprise et s'y

suite page 50

suite de la page 49

raconte sous les formes les plus variées. Dans une version de l'histoire, il a fallu se battre contre un prototype qui ne marchait pas, dans une autre, mener l'opération pendant les week-ends, dans une troisième, réunir un groupe d'anciens ingénieurs d'étude de la société pour aider à la mise au point technique du procédé, etc.

Que ces versions diverses soient historiquement fausses importe peu, car elles existent dans l'imaginaire collectif de cette entreprise et servent de support au respect pour ceux qui ont réussi l'opération et d'incitation pour ceux qui pourraient avoir l'idée d'en conduire une semblable....

Nous allons, dans le chapitre suivant, aborder les techniques du management situationnel.

Pour cela, nous commencerons par un questionnaire d'autodiagnostic, que nous vous suggérons de remplir avant de poursuivre votre lecture. Nous vous proposerons plusieurs dépouillements successifs de ce questionnaire, au fil des différents chapitres où nous développerons les techniques situationnelles.

QUESTIONNAIRE
Êtes-vous un manager situationnel ?

Ce questionnaire a pour but d'introduire de façon vivante et active les notions du management situationnel. Il ne possède aucun caractère de test psychologique.

Vous allez trouver dans les pages qui suivent huit situations dans lesquelles un responsable se voit engagé dans une interaction avec une personne ou un groupe de personnes. A chaque fois, quatre choix s'offrent à lui.

Lisez attentivement les huit mini-cas (chaque mot compte), réfléchissez à la manière dont vous réagiriez dans une telle situation, puis lisez les quatre propositions et entourez celle qui vous paraît la plus proche de ce que vous feriez vraiment sur le terrain (et non de l'image idéale de ce qu'un responsable doit faire).

Nous dépouillerons vos résultats en deux étapes au cours des chapitres suivants, après avoir donné les explications nécessaires à leur bonne interprétation.

Cas n° 1 : RÉPONDRE AUX DEMANDES

Vous êtes responsable d'un service fonctionnel qui doit répondre très souvent aux sollicitations des différents responsables de services internes à l'entreprise. Votre nouvelle secrétaire (24 ans) travaille depuis un mois avec vous (c'est son premier poste).

Elle ne parvient pas à faire face aux demandes des autres services et à accomplir le travail que vous lui demandez de faire.

A Vous passez un long moment à échanger avec elle sur les raisons de ce débordement. Vous cherchez à mieux comprendre pourquoi elle ne parvient pas à faire face aux sollicitations.

B Vous passez beaucoup de temps à lui expliquer les procédures, les raisons des habitudes et des méthodes employées dans l'entreprise, les particularités psychologiques de certains de ses interlocuteurs, etc. Vous vérifiez qu'elle comprend comment son travail s'inscrit dans cet ensemble.

C Vous laissez passer quelques semaines et vous évitez de brusquer les choses. Elle est intelligente, elle va s'adapter. Vous en profitez pour expliquer la situation à ceux qui travaillent souvent avec elle en dehors de votre service.

D Vous lui expliquez très clairement les missions qu'elle doit accomplir et les priorités du moment. Vous examinez avec elle la charge de travail et vous vous préparez à faire les choix qui apparaîtront comme nécessaires.

Cas n° 2 : « 15% »

Vous êtes responsable d'un département qui comprend plusieurs services. Vous venez de passer deux heures en réunion avec les autres chefs de département pour préparer le budget de l'année prochaine. Les décisions de la direction générale sont impératives : il faut réduire les coûts de 15%, par tous les moyens.

Vous saviez qu'il y aurait des mesures dans ce sens, mais 15%, c'est beaucoup ! Vous méditez seul quelques heures, puis vous décidez d'annoncer la nouvelle à vos collaborateurs (responsables fonctionnels et chefs de services opérationnels). Vous savez que beaucoup de ceux-ci vont probablement mal accueillir cette décision.

A Vous convoquez en réunion l'ensemble de vos collaborateurs pour envisager les mesures à prendre face à la situation, puis vous menez une séance de réflexion sur les réponses envisageables au niveau du département, tout en restant ouvert aux suggestions et propositions qui vous seront faites pour prendre des décisions en commun.

B Vous examinez les mesures possibles et vous consolidez un plan qui tienne compte des différents impératifs du moment. Vous annoncez ce plan en réunion, et vous le commentez en répondant aux questions.

C Vous convoquez en réunion l'ensemble de vos collaborateurs et vous leur exposez les décisions prises, en prenant soin de consacrer une heure à développer la situation économique de l'entreprise pour expliquer la nécessité des mesures envisagées. Vous répondez à leurs questions et vous écoutez leurs suggestions avant d'exposer vos propres idées sur la situation. Vous tenez compte des différentes remarques émises lors de la présentation de ce plan.

D Vous faites une note précise, expliquant les décisions prises par la direction et demandant que chacun à son niveau mette en œuvre un plan d'action de réduction des coûts. Vous prévoyez un entretien individuel sur cette question avec chacun d'entre eux pour qu'ils vous informent des solutions qu'ils auront mises en œuvre.

Cas n° 3 : LES TERMINAUX PORTABLES

Vous dirigez un secteur commercial dans une grande entreprise. Les résultats sont bons, grâce à un engagement personnel réel de la plupart des membres de votre équipe. Vous souhaitez mettre en place une nouvelle organisation informatique qui permettra aux vendeurs d'utiliser des terminaux portables et de saisir directement les informations sur le terrain.

Vous avez déjà évoqué cette question en réunion avec l'ensemble des personnes concernées, et vous avez pu constater que l'accueil de ces idées était en général assez bon, bien que la connaissance technique du système échappe à la plupart d'entre elles, peu habituées à l'utilisation de matériel informatique.

A Vous analysez soigneusement les matériels avec les spécialistes informaticiens de la société, et vous en parlez avec quelques personnes avant de réaliser la mise en œuvre. Grâce à votre intervention efficace auprès du siège pour obtenir les terminaux, ceux-ci devraient être installés dans quelques semaines. Une formation des utilisateurs est prévue.

B Vous créez un groupe de vendeurs chargés de définir leurs besoins, et de traiter en direct avec les services centraux de l'informatique. Vous déterminez des échéances avec eux et vous attendez les résultats.

C Vous vous associez à un groupe de travail comprenant des vendeurs et des informaticiens. Vous aidez ensuite le groupe à mettre en rapport les besoins des uns avec les propositions des autres. Vous vous retirez progressivement pour laisser ce groupe mettre en œuvre le système. Vous intervenez aux dates-clefs de l'opération ou en cas de difficultés.

D Vous créez un séminaire de réflexion sur les nouveaux moyens informatiques réunissant les vendeurs et les informaticiens. Vous en profitez pour annoncer votre projet en développant tous les avantages du système. Vous répondez aux questions avec l'aide des spécialistes et d'un collègue venu d'une autre région dans laquelle le système a été implanté avec succès. A la fin de l'opération, vous annoncez que vous constituez autour de vous un groupe de travail chargé de piloter l'opération.

Cas n° 4 : UN PROJET AMBITIEUX

Cet ingénieur d'étude (30 ans) est arrivé depuis deux ans dans votre service. Vous lui avez confié des activités variées qu'il a toujours accomplies avec sérieux et efficacité, mais avec des méthodes qui vous ont surpris, bien que vous en reconnaissiez après coup la validité.

Vous avez eu à plusieurs reprises l'occasion de vérifier qu'il travaillait en bonne intelligence avec ses collègues, et qu'il était très apprécié pour ses compétences, sa disponibilité et son engagement dans les activités.

Il vous a proposé une idée qui conduit à réaliser un projet assez ambitieux dont la réussite serait importante pour l'ensemble du service. Après mûre réflexion, vous avez décidé de lui confier la conduite de ce projet.

A Vous consacrez du temps à lui expliquer les méthodes à mettre en œuvre pour conduire ce projet. Vous organisez ensuite pour lui des rencontres régulières avec un ingénieur plus ancien, qui pourra le conseiller aux moments-clefs. Vous vous réservez d'intervenir lors des phases les plus délicates.

B Pour éviter toute dérive, vous avez mis par écrit les protocoles de travail et défini les moments où vous ferez le point sur l'avancement du projet. Vous planifiez des rencontres régulières avec votre collaborateur pour examiner la manière dont il conduit les opérations.

C Vous échangez sur le projet avec votre collaborateur, puis vous lui demandez de vous exposer la manière dont il compte s'organiser pour le mener à bien. Vous négociez des aménagements, puis vous lui confiez le suivi de l'opération, en prévoyant des moments de rencontre et d'échange pour faire le point.

D Vous confiez le projet dans son ensemble à votre collaborateur, en restant disponible (à la demande) pour toute question qu'il aurait à vous soumettre.

Cas N° 5 : LA TROISIÈME RÉUNION

Vous venez d'être nommé responsable d'un groupe de travail composé de personnes provenant de différents services. La tâche de ce groupe est de proposer à la direction du département des mesures pour simplifier les procédures administratives et les circuits d'information. Vous ne possédez pas d'autorité hiérarchique directe sur les participants.

Dès les premières réunions, l'ordre du jour ne peut être respecté. Certains de vos collègues monopolisent la parole, d'autres s'égarent dans des conversations sans rapport avec l'objet du travail ou profitent de la réunion pour traiter des affaires personnelles. L'absentéisme s'accroît. En aparté, un de vos amis vous fait remarquer que « certains pourraient avoir intérêt à ce que le travail de ce groupe n'aboutisse pas... ». Vous abordez aujourd'hui la troisième réunion.

A Vous demandez aux participants leur point de vue sur l'évolution de la situation, afin de construire avec eux un nouveau plan de travail.

B Vous démarrez la séance en rappelant les objectifs du projet, l'engagement de la direction dans cette opération, et les maigres résultats atteints. Vous poursuivez en expliquant (sans entrer dans les détails) comment il convient de travailler à partir de maintenant. Vous sollicitez les réactions des participants et vous répondez à leurs questions pour construire un nouveau plan de travail.

C Vous annoncez la situation en posant clairement le problème auprès des participants, puis vous redéfinissez les objectifs du groupe et les méthodes de travail. Vous vous assurez que tous les ont perçus et y adhèrent, vous répondez aux questions éventuelles, puis vous engagez une réunion au cours de laquelle vous êtes très attentif au respect des horaires et des thèmes de travail.

D Mentionner ce problème serait lui donner trop d'importance, vous poursuivez la séance selon l'ordre du jour normal. Mais vous faites comprendre par votre attitude que vous attendez des résultats de la réunion d'aujourd'hui.

Cas n° 6 : UN JEUNE COLLABORATEUR

Ce collaborateur (25 ans) vient d'arriver dans votre service depuis trois mois, après deux ans passés dans une autre entreprise. Il doit beaucoup apprendre, car son travail est très différent de ce qu'il connaissait avant, et s'adapter à ses collègues de travail, avec lesquels les relations sont pour l'instant satisfaisantes. Actuellement, il manifeste peu d'initiative et semble manquer de confiance en lui, mais vous êtes convaincu qu'il possède un certain potentiel.

A Vous lui confiez des projets difficiles qui lui permettent de révéler ses possibilités et de les faire connaître à ses collègues. Vous évitez d'être trop présent pour ne pas l'influencer.

B Vous l'associez aux décisions qui le concernent et vous faites en sorte qu'il soit présent dans les comités où se transmettent des informations importantes. Vous lui confiez progressivement des responsabilités et vous encouragez ses réussites. Vous consacrez du temps à lui expliquer les points-clefs du métier.

C Vous établissez pour lui un plan de travail qui permette la prise de responsabilités croissantes. Vous lui annoncez ce plan, qui prévoit la participation à plusieurs séminaires de formation.

D Vous faites le point avec lui sur ses attentes, ses motivations et ses objectifs. Vous prenez cela en compte pour établir en commun un plan de développement sur cinq ans.

Cas n° 7 : L'INFLUENCE DU CLIMAT ?

M... est le meilleur ingénieur technico-commercial de votre équipe. Ses excellents résultats au cours des dernières années vous ont incité à lui confier la responsabilité d'un groupe qui travaille à l'étranger.

Depuis quelques semaines, les tableaux de bord montrent cependant une baisse des ventes. C'est aussi le cas de deux autres directions commerciales (sur douze), mais la baisse dans la région de M... est la plus forte. Par ailleurs, des rumeurs vous sont parvenues à propos de dissensions au sein de son équipe.

A Vous savez que M... a reçu le tableau comparatif des résultats des différents secteurs, sur lequel se trouve mentionnée clairement la baisse de performances, comparée à celle des autres secteurs. Vous attendez qu'il vous contacte pour vous expliquer ce qui se passe et vous indiquer les mesures qu'il a prises pour redresser la situation.

B Vous convoquez une réunion exceptionnelle de l'ensemble des directions commerciales locales. Vous présentez les résultats et vous demandez aux secteurs qui ont les plus basses performances de vous présenter un plan d'action pour une amélioration rapide des résultats.

C Vous annoncez par téléphone à M... que ses résultats sont inférieurs à vos attentes, et vous lui annoncez que vous venez spécialement le voir, ainsi que ses collaborateurs, pour examiner la situation et mettre au point avec lui un plan d'action.

D Vous téléphonez à M... pour lui annoncer personnellement la baisse de performance et situer ses résultats par rapport à ses collègues. Vous insistez sur le respect des quotas, la nécessité d'atteindre les objectifs, l'engagement mutuel de l'ensemble des technico-commerciaux. Vous lui demandez de vous adresser sous huitaine son plan d'action de redressement.

Cas N° 8 : UNE CRISE

Vous participez à un cercle de qualité qui se réunit une fois par mois depuis un an. Vous êtes un ami personnel de l'animateur de ce groupe.

Après une période de formation et d'apprentissage du travail en commun, ce cercle a obtenu assez vite de bons résultats. Ses membres ont intégré les méthodes et l'esprit du travail, et développé entre eux des relations très cordiales, parfois chaleureuses. La réputation du cercle à l'extérieur est excellente.

Au cours des dernières séances, vous avez cependant constaté un léger relâchement dans le travail et quelques difficultés relationnelles. Certaines plaisanteries ont paru blessantes, et deux des membres du groupe sont en conflit pour une divergence de méthode.

Au cours d'une conversation, votre ami vous confesse ses incertitudes quant à la conduite de ce groupe.

A Vous lui conseillez de ne pas intervenir dans l'immédiat. Depuis un an, le groupe a connu d'autres crises et trouvera les moyens de surmonter celle-là.

B Vous lui conseillez de redéfinir précisément les objectifs du groupe et de vérifier que les méthodes de travail ont bien été comprises par tous.

C Vous insistez auprès de lui sur la nécessité, pour susciter la motivation des personnes présentes, de donner les résultats obtenus par d'autres groupes semblables dans des secteurs voisins, d'inviter des responsables à assister régulièrement aux réunions et de publier les résultats du groupe dans le journal d'entreprise.

D Vous lui conseillez de poser clairement le problème en réunion, et d'examiner avec les participants s'il y a lieu de se doter de nouveaux objectifs de travail, de changer les méthodes, voire de dissoudre le groupe provisoirement ou définitivement.

QUEL DÉPOUILLEMENT FERONS-NOUS DE VOS RÉPONSES ?

Vous venez d'achever de remplir ce questionnaire, et probablement souhaitez-vous avoir le plus vite possible des indications sur vos résultats. Mais il est nécessaire que nous consacrions auparavant quelques pages à expliquer les quatre styles de base afin que vous puissiez interpréter votre score dans de bonnes conditions. Ceci va être l'objet du chapitre 3 : LA CARTE DES STYLES DE MANAGEMENT, à la fin duquel nous étudierons vos réponses (page 93).

Comme vous l'avez probablement remarqué, chaque cas propose quatre solutions qui s'inscrivent dans une sorte de continuum entre une position très directive et une position très délégative. Nous étudierons vos choix au sein de cette échelle, et nous verrons apparaître les dominantes éventuelles. Du point de vue du management situationnel, l'idéal sera de ne pas avoir de dominante trop accentuée et de disposer de la gamme la plus vaste de styles possibles.

Au cours du chapitre 4, nous examinerons la façon dont le style peut s'adapter à l'autonomie des personnes (et, plus rapidement, des groupes). Nous ferons alors un deuxième dépouillement pour examiner si vos réponses sont efficaces ou non dans les situations proposées. Une explication détaillée des réponses préconisées pour les huit situations se trouve à la fin de ce chapitre (page 129).

Nous allons maintenant examiner la carte des styles de management.

CHAPITRE 3

LA CARTE DES STYLES DE MANAGEMENT

Le style est un outil de repérage et d'identification des comportements des managers. Il indique dans quelle direction ceux-ci investissent leur temps et leur énergie.

Les axes organisationnels et relationnels permettent de définir sur une carte quatre secteurs de management qui correspondent à des rôles différents :

STRUCTURER ⟶ STYLE DIRECTIF

MOBILISER ⟶ STYLE PERSUASIF

ASSOCIER ⟶ STYLE PARTICIPATIF

RESPONSABILISER ⟶ STYLE DÉLÉGATIF

Les caractéristiques de chacun de ces quatre styles sont données sur des fiches techniques. Ils constituent les repères de base du management situationnel.

1. LE STYLE, C'EST L'HOMME ?

Voulez-vous reproduire une expérience que nous avons réalisée à de nombreuses reprises en séminaires ?

Établissez la liste des termes les plus fréquents par lesquels on qualifie un manager dans votre entreprise. Non pas les termes officiels qui désignent le statut, comme « chef de service, de division ou de subdivision », mais les termes courants, usuels, qui viennent aisément lorsqu'il faut compléter des phrases comme :

« Celui-ci, il est... »
« Il mène les projets de manière... »
« Vous travaillez avec untel, il paraît qu'il est très... »
« Dis donc, qu'est-ce qu'il est... ce type-là »

Si vous en avez l'occasion, confrontez votre liste avec celles de quelques collègues. Vous obtiendrez vraisemblablement deux types de qualificatifs :

- Une série de termes à forte coloration affective, très employés dans la pratique : dur, mou, tyrannique, jovial, décontracté, lucide, administratif, aguerri, direct, absent, sans concessions, laxiste, solitaire, manipulateur, etc.
- Une série de termes d'allure plus « technique », comme : participatif, autocratique, charismatique, entrepreneurial, etc.

Ces deux séries ont en commun de désigner des styles, c'est-à-dire des façons d'exercer le métier de manager. Mais elles diffèrent profondément dans leur esprit, car :

- La première série utilise des termes qui qualifient et décrivent des personnes. On y parle du caractère de l'individu, de ses façons d'être et d'agir dans la vie de travail et parfois dans la vie hors travail. L'ensemble renvoie à une échelle de valeurs, à un registre de connotations positives ou négatives.

Le style est alors envisagé comme en littérature ou en sport : le style de l'écrivain, le style de tel joueur de tennis. Il désigne la façon particulière dont une personne exerce une activité. Avec ces termes-là, le style c'est l'homme.

- La deuxième série appartient au registre des comportements. Les termes y sont plus froids, plus impersonnels. On les rencontre plus dans les livres sur le management que sur le terrain. Ils ne renvoient pas à une échelle de valeurs mais à des rôles, des savoir-faire techniques, des attitudes dont on peut dire : « il se comporte de manière X... ».

Le style est alors envisagé comme l'exercice d'une fonction, à un instant précis dans le temps, alors que les qualificatifs de la première série interviennent pour désigner des tendances répétitives, en leur donnant une coloration affective. Ainsi, un manager qui adopterait régulièrement des comportements participatifs du type : créer des relations chaleureuses avec ses collaborateurs, faire partager certaines décisions, consacrer un temps important à l'écoute et au conseil personnalisé, ... pourrait être qualifié :

Dans une tonalité positive : de sympathique, chaleureux, convivial, compréhensif, ouvert, décontracté, relationnel, à l'écoute des autres, etc.

Dans une tonalité négative : de laxiste, sentimental, mou, manipulateur, absent, dépendant des autres, permissif, etc.

En management situationnel, nous pensons qu'il est important de savoir adopter tous les styles et de ne pas se laisser enfermer dans une catégorie ou une autre. Nous employons donc les termes du « deuxième type », qui ont l'avantage de séparer au mieux la personne de ses actes et de permettre de parler d'un style comme d'un ensemble de comportements destinés à accomplir une fonction, et non comme d'un portrait psychologique.

Il devient alors possible d'envisager pour un manager d'adapter son style en fonction de ce qu'il perçoit de la situation, alors même que son caractère et ses goûts personnels l'inclineraient plutôt vers d'autres comportements. C'est ainsi qu'une reprise d'équipe, une décision impopulaire ou urgente, pourront conduire à adopter momentanément des comportements directifs ou persuasifs avec une pleine efficacité, à partir du moment où les collaborateurs auront compris que le manager répond aux nécessités de la situation. Inversement, un manager qui aime expliquer, convaincre, former et informer ne peut être efficace face à un expert ou une personne à très haut potentiel qu'en évitant de se conformer à son penchant naturel...

Ceci est un point fondamental de cette approche, qui la différencie de celles qui l'ont précédée (voir l'encadré en fin de chapitre sur Blake et Mouton, page 89) et qui la rend « stratégique », dans la mesure où l'efficacité passe par une séparation caractère/comportement pour répondre aux exigences des situations. Bien que très pratiquée dans la vie courante (nombre de parents ont eu à administrer une fessée à un enfant sans posséder pour autant un caractère tyrannique ou un goût immodéré pour les sévices corporels !), cette séparation est difficile à réaliser en management et nécessite un apprentissage adéquat, dont nous allons donner les bases.

Elle garantit cependant l'efficacité de la démarche, dans la mesure où il est toujours possible de modifier le comportement d'une personne dans une situation donnée, mais beaucoup plus incertain de faire évoluer son caractère, l'entreprise n'étant d'ailleurs pas le lieu pour réaliser ce genre de transformation.

Avant de poursuivre ce chapitre, le lecteur pourra examiner la proportion des deux types de termes dans sa propre liste : elle lui donnera une indication sur ses tendances et peut-être celles de son entreprise dans ce domaine.

LE STYLE
C'EST L'ENSEMBLE DES COMPORTEMENTS UTILISÉS PAR UN MANAGER DANS UNE SITUATION DONNÉE POUR INFLUENCER SES COLLABORATEURS
LE STYLE EST ASSOCIÉ À UN RÔLE QUI INDIQUE À QUOI SERVENT LES COMPORTEMENTS <u>Par exemple</u> style : DIRECTIF rôle : STRUCTURER
LE STYLE EST DÉTERMINÉ : * Par les dispositions propres au manager : caractère, idées, valeurs, convictions,... * Par les exigences de la situation. **INSEP©**

LA CARTE DES STYLES

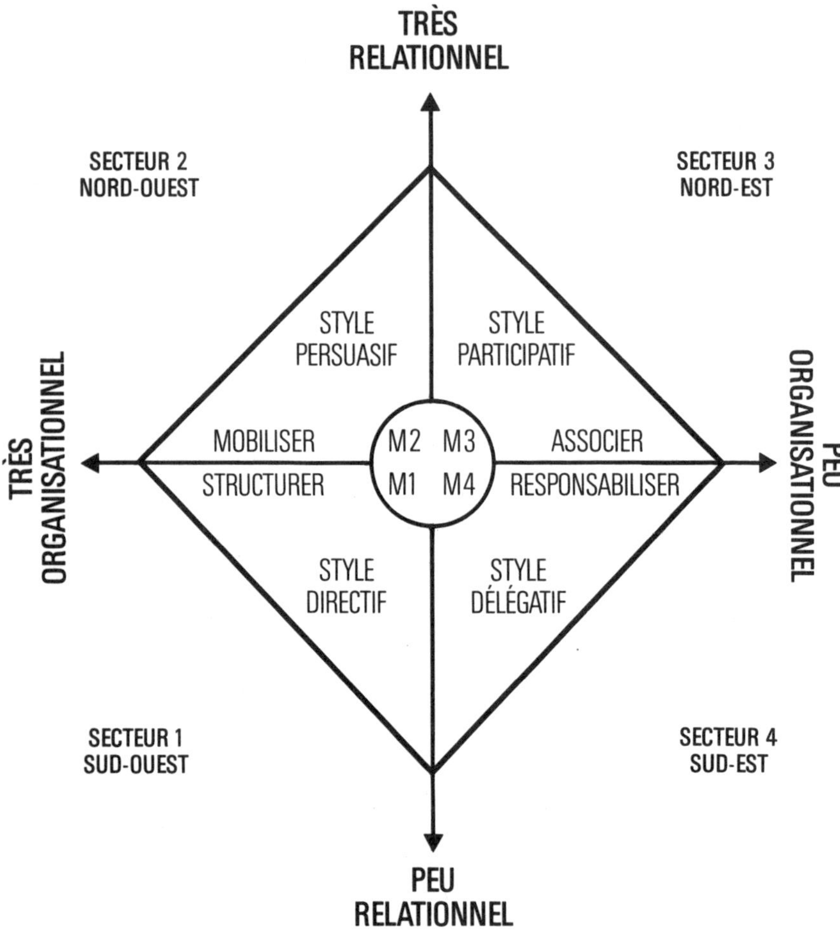

SCHÉMA 4

INSEP©

2. LA CARTE DES STYLES DE MANAGEMENT

Pour caractériser les styles, nous partirons de l'énergie que le manager choisit d'investir dans l'exercice de son métier, et de la manière dont il manifeste l'utilisation de cette énergie par des comportements. La carte des styles (schéma 4) montre les deux axes que cette orientation peut prendre :

• A l'horizontale se trouvent les comportements organisationnels. Un manager qui place son énergie dans cette direction a pour activités principales de donner des instructions, d'attribuer des rôles et des tâches, de définir des objectifs, de planifier et programmer le travail, et d'évaluer les résultats. Ceci se manifeste à la fois dans ses intérêts personnels, dans la nature de ses propos, et dans la répartition de son temps.

Sur le schéma, les comportements sont peu organisationnels vers la droite (est) et très organisationnels vers la gauche (ouest).

• A la verticale se trouvent les comportements relationnels : recevoir les collaborateurs pour les écouter et les conseiller, créer une ambiance de travail qui favorise l'expression individuelle, associer les collaborateurs à la prise de certaines décisions, former une équipe de travail qui permette des relations constructives et chaleureuses entre les individus, etc. Ceci se manifeste à la fois dans ses intérêts personnels, dans la nature de ses propos, et dans la répartition de son temps.

Sur le schéma, les comportements sont peu relationnels vers le bas (sud) et très relationnels vers le haut (nord).

Ces deux axes se combinent entre eux pour faire apparaître quatre positions clefs :

• Au **Sud Ouest**, un secteur (M1) dans lequel les comportements sont fortement organisationnels et faiblement relationnels.

Le rôle principal du manager est ici de structurer l'environnement de travail de ses collaborateurs en définissant, par une série de comportements directifs, des objectifs et des règles de fonctionnement.

Il s'appuie pour cela :

Sur sa capacité à définir des missions et des objectifs, à mettre en place des outils et méthodes de gestion.

Sur les procédures en vigueur et les systèmes de gestion de l'entreprise.

• Au **Nord Ouest**, un secteur (M2) dans lequel les comportements sont fortement organisationnels et fortement relationnels.

Le rôle principal du manager est ici de mobiliser ses collaborateurs en s'assurant, par une série de comportements persuasifs qu'ils adhèrent aux projets qui leur sont proposés, qu'ils en comprennent le sens et la portée, et qu'ils situent leur action dans un ensemble plus vaste.

Il s'appuie pour cela :

Sur son talent personnel pour expliquer et convaincre, sur l'information dont il dispose.

Sur les systèmes de récompense et d'incitation que l'entreprise met à sa disposition.

• Au **Nord Est**, un secteur (M3) dans lequel les comportements sont faiblement organisationnels et fortement relationnels.

Le rôle principal du manager est ici d'associer ses collaborateurs au travail de l'unité et de l'entreprise par une série de comportements participatifs par lesquels il leur permet d'être partie prenante dans les décisions qui les concernent.

Il s'appuie pour cela :

Sur sa capacité à connaître individuellement chaque collaborateur, sur ses talents de négociateur, de conseiller, d'arbitre,...

Sur les dispositifs contractuels mis en place par l'entreprise ou de sa propre initiative (réunions de travail, entretiens annuels, groupes de progrès,...).

• Au **Sud Ouest**, un secteur (M4) dans lequel les comportements sont faiblement organisationnels et faiblement relationnels.

Le rôle principal du manager est alors de permettre à ses collaborateurs d'exercer des responsabilités (« responsabiliser ») en leur confiant, par une série de comportements délégatifs progressifs, des activités, missions et projets adaptés à leurs capacités et susceptibles de les faire progresser, et en s'assurant de la bonne réalisation de ceux-ci.

Il s'appuie alors :

Sur sa capacié à évaluer les capacités et les motivations de ses collaborateurs et à leur confier des activités en rapport.

Sur les systèmes d'information, de contrôle et de suivi des activités et des personnes mis à sa disposition par l'entreprise.

Nous allons maintenant donner quelques précisions sur ces différents styles, afin que le lecteur puisse les identifier dans ses propres comportements comme dans les actes et dans les propos de ses partenaires de travail.

M1

Secteur
Sud Ouest

style : DIRECTIF
rôle : STRUCTURER

Les décisions sont prises par le manager

COMPORTEMENTS Très organisationnels Peu relationnels	• Beaucoup d'instructions, quelques explications. • Des plannings, des programmes, des ordres du jour très précis, des définitions de fonctions, des check-lists, des procédures... • Des points de contrôle prévus à l'avance, avec un calendrier précis.
	• Le manager parle beaucoup, écoute peu. • Il répond aux questions de détail, avec le souci de la précision et de l'exactitude. • Il connaît bien le travail et peut l'expliquer ou constituer une référence. • Il utilise volontiers l'écrit comme mode de communication. • Il individualise le management et s'intéresse peu aux questions de personnes.
EFFICACE SI	• Perçu comme temporaire. • Utilisé en situation de crise, d'urgence. • Mis en œuvre sur un ton neutre. • Utilisé avec des collaborateurs peu expérimentés.

MOTS-CLEFS	**CE QUE DIT LE MANAGER**			
ORGANISATION ***PLANIFICATION*** ***CONTRÔLE***	**« JE »** Des faits Des chiffres	Décision Objectifs Priorités Choix	Délais Précis Dates Impératif	Urgent Exact Utile Résultats

INSEP©

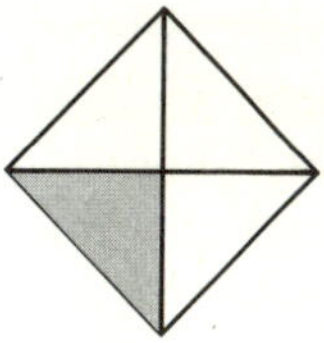

LE SECTEUR 1

style : DIRECTIF
rôle : STRUCTURER

Voici comment un manager de deuxième niveau qui adopterait principalement un tel style à un instant donné pourrait s'adresser à ses collaborateurs (eux-mêmes managers) :

« Bonjour à tous, et merci pour votre présence dans cette réunion. Nous avons aujourd'hui trois points à l'ordre du jour, et nous terminerons à 15 heures. J'ai bien reçu vos suggestions pour le point numéro deux, et je les ai prises en compte. Mais je voudrais d'abord évoquer le premier point qui nous réunit et qui concerne la mise en place de nouveaux outils de gestion dans le service.

J'ai étudié la question attentivement avec R..., contrôleur de gestion du groupe, et en dialoguant avec les uns et les autres. Il me semble indispensable de nous munir de ces outils d'ici la fin du trimestre, pour être prêts lors de la prochaine campagne budgétaire. Nous allons donc avoir à mettre cela en place en trois mois, ce qui représente un gros travail que nous accomplirons progressivement. C'est dans le service de T... que nous commencerons, car T... a été formé en gestion et pourra utilement tester les méthodes et l'outil informatique. Il part d'ailleurs en séminaire demain chez le constructeur pour être prêt dès la fin du mois. Je vais maintenant vous présenter le planning de l'opération (...) »

Nous interrompons là ce dialogue qui se poursuivra par l'étude du planning de détail et la réponse à quelques questions précises, opérationnelles. On aura remarqué combien ce style vise l'efficacité immédiate : interventions brèves, préparation soigneuse des séances de travail, échange verbal limité à l'essentiel, analyse rapide des questions. Le manager concentre les décisions, répartit les tâches, fixe les priorités. Quand il parle, il emploie le « je » et évoque souvent les résultats, les délais, les échéances, les urgences, les priorités, etc.

Ce style est très fréquent dans les notes de service. Il s'accommode bien de l'aspect froid et peu convivial de l'écrit. Bien que peu relationnel, il n'est en rien autoritaire ou tyranique. Mais le manager qui l'emploierait trop fréquemment ou en dehors des situations où il est nécessaire de le faire se forgerait probablement une image de tyran ou d'autocrate parfaitement fondée...

On trouvera des précisions sur ce style dans la fiche technique page 72.

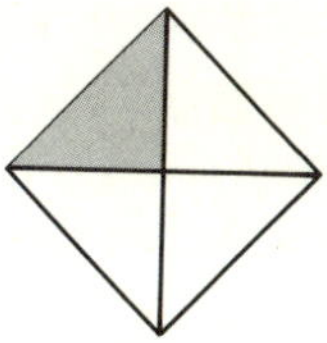

LE SECTEUR 2

style : PERSUASIF
rôle : MOBILISER

Le ton change avec le deuxième style, et si le manager continue à parler beaucoup plus que ses collaborateurs, son discours devient plus explicatif, et plus personnalisé, parfois plus chaleureux, ou plus affectif.

A titre d'illustration, voici un dialogue entre un chef d'atelier dans un secteur de production (Robert) et son collaborateur chef d'équipe (Jean). Les deux interlocuteurs sont donc managers. Le dialogue se situe après la prise de contact et les premières phrases relationnelles.

Le manager — Jean, tu sais que j'étais la semaine dernière à la conférence mensuelle des chefs de service au siège. Nous avons eu un exposé de la direction de la qualité sur les méthodes d'évaluation de la non-qualité qui m'a beaucoup interessé. D'autant qu'il y avait D..., de l'usine de S... , en banlieue parisienne, qui a présenté des résultats chiffrés très probants. Ça m'a conduit à réfléchir à la manière dont nous travaillons ici, et cette nuit j'ai eu une idée que j'aimerais te soumettre.

Tu sais que depuis deux ans, nous menons des opérations qualité ponctuelles, avec des résultats valables, mais sans plus. Je dois d'ailleurs reconnaître que ces derniers temps je me suis plus attaché à développer la sécurité...

Le collaborateur — C'est exact...

M2 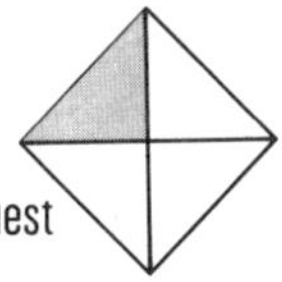 Secteur Nord Ouest	**style : PERSUASIF** **rôle : MOBILISER**	***Les décisions sont prises par le manager***
COMPORTEMENTS Très organisationnels Très relationnels	• Beaucoup d'explications : les raisons, les causes, les conséquences,... • Mise en valeur des projets, des objectifs, des activités,... et de leurs avantages. • Mise en valeur et encouragement de la personne ou du groupe. Témoignages de confiance, information et formation, sanction positive des réussites.	
	• Le manager parle beaucoup, se met en avant, expose ses idées, ses convictions, ses valeurs. • Il répond aux objections, suscite les questions, y répond, s'assure que la personne ou le groupe ont bien compris ce qui est à faire et sont prêts à le faire.	
	Trois formes : PERSUASION FORMATION CONSULTATION	
EFFICACE SI	• Sincère, authentique, non manipulatoire. • Permet de créer un groupe, de susciter un projet. • Est accompagné d'un minimum de participation.	
MOTS-CLEFS	**CE QUE DIT LE MANAGER**	
EXPLICATION ***PERSUATION*** ***CONVICTION*** ***EXEMPLARITÉ***	**« JE » +** **« NOUS »** Des actes Des valeurs	Décision, Explication, Légitime Objectifs, Réussite, Faire Priorités, Ambition, Crédible Choix, Répondre, Important **INSEP©**

Le manager Alors, voilà, j'ai bien réfléchi et je crois qu'il est important qu'on mette le paquet sur la qualité cette année, et qu'on le fasse savoir. Tu sais que je suis souvent sceptique sur les approches nouvelles, surtout quand elles viennent de l'étranger, mais il me semble que là, ça vaut la peine. Et j'ai pensé à un de tes collaborateurs pour piloter l'opération : André. Quel est ton point de vue ?

Le collaborateur Pourquoi pas ? Mais quel temps cela va-t-il lui prendre ?

Le manager Je pensais à une charge à temps plein, pendant au moins deux ans. Après, il serait possible de le dégager progressivement.

Le collaborateur Il me semble difficile de dégager complètement quelqu'un pour un projet comme ça...

Le manager J'y tiens beaucoup, Jean, il faut que nous mettions ça en place, car nous avons du retard.

Le collaborateur Mais André...

Le manager Il est le plus motivé pour ça, tu le sais bien !

Le collaborateur Il faudrait examiner la charge de l'équipe, car a priori, ça me paraît matériellement difficile...

Le manager Très bien, examinons cela ensemble, et s'il le faut, on engagera un intérimaire car je tiens absolument à ce que ce projet se fasse dans de bonnes conditions. Je suis certain que les retombées pour le service seront excellentes (...) »

Nous allons interrompre ce dialogue, qui s'ouvre maintenant sur un examen des conditions de mise ne œuvre de la « proposition » du manager. On aura compris que celui-ci n'est pas décidé à abandonner son projet, quelles que soient les réactions de son collaborateur[1]. Celui-ci n'a d'ailleurs que peu de possibilités d'action, puisque nous avons découvert en fin de dialogue, par la manière dont le manager répond aux questions, que la décision est prise.

A l'inverse du cas précédent (M1), qui annonce d'emblée cet aspect des choses (« j'ai décidé »), le manager qui utilise ici le style M2 cherche à adapter son message au(x) destinataire(s). La communication s'établit donc en fonction de l'interlocuteur, pour mieux entraîner l'adhésion, la conviction. On évoque alors les raisons des choix, la finalité des projets, les logiques internes qui conduisent les choses à être ce qu'elles sont. On prévient les objections, on s'attache aux avantages, on emploie volontiers le « nous », surtout face à un groupe. On parle avec conviction de l'entreprise, de ses dirigeants, de son avenir.

Le manager descend parfois dans l'arène, parle de ses débats personnels, de ses décisions, de ses valeurs. Il met alors le poids de ses propres convictions, de ses actions passées et futures dans la balance et devient exemplaire pour mieux encourager à le suivre. S'il en a le talent, il peut aussi être légèrement prophétique lorsqu'il parle du futur. Mais en finale, il n'écoutera les questions que pour mieux répondre aux objections et il tiendra fermement ses positions en disant : « je vous ai compris », mais ... « ma décision est prise ».

On aura reconnu ici un style très familier, dont la forme supérieure rapproche les managers des leaders

1 Il aurait, par contre, été possible de présenter cette demande d'une manière nettement plus satisfaisante pour celui-ci, comme nous le montrerons dans le deuxième volume de cette collection.

politiques ou sociaux à fort charisme. Dans l'entreprise, c'est actuellement le style le plus employé « au quotidien », sous des formes moins éloquentes, mais souvent très efficaces. Moins difficile à faire accepter que la directivité, moins difficile à mettre en œuvre que la participation, plus visible que la délégation, la persuasion permet de susciter des projets, de générer de l'engagement, et rejoint, par son adaptation au destinataire, une forme de communication de masse qui nous est familière : la publicité. De façon plus technique (voir la fiche, page 76), le style M2 comporte en fait trois variantes :

• une forme persuasive qui correspond à ce que nous avons développé dans notre exemple et au rôle principal de ce style : mobiliser.

• une forme pédagogique, qui correspond à des comportements à dominante d'explication et de formation. La question n'est plus alors de convaincre, mais d'informer, de transmettre des savoir et des savoir-faire.

• une forme consultative, qui correspond au « point de bascule » avec le style participatif (sur la carte : plein Nord), dans laquelle le responsable se réserve la décision, mais prend l'avis d'un ou plusieurs de ses collaborateurs avant d'arrêter son choix. La décision reste donc prise par le manager, qui la commente et l'explique, mais le(s) collaborateur(s) sont consultés avant le choix final, sans que rien ne garantisse, bien entendu, que le manager tiendra compte des avis recueillis. Comme le montre le schéma, page 80, on se trouve très exactement sur l'axe qui sépare les secteurs 2 et 3, dans une position d'instabilité que nous avons symbolisée par un triangle en équilibre sur le sommet du losange. Une inclinaison vers la gauche, et l'on se trouve en face d'une consultation de pure forme, les décisions étant arrêtées de longue date ; une inclinaison vers la droite, et le responsable intègre les avis et propositions de ses collaborateurs au point que l'on se trouve en face d'un réel processus participatif.

LA CONSULTATION, EN ÉQUILIBRE ENTRE LA PERSUASION ET LA PARTICIPATION

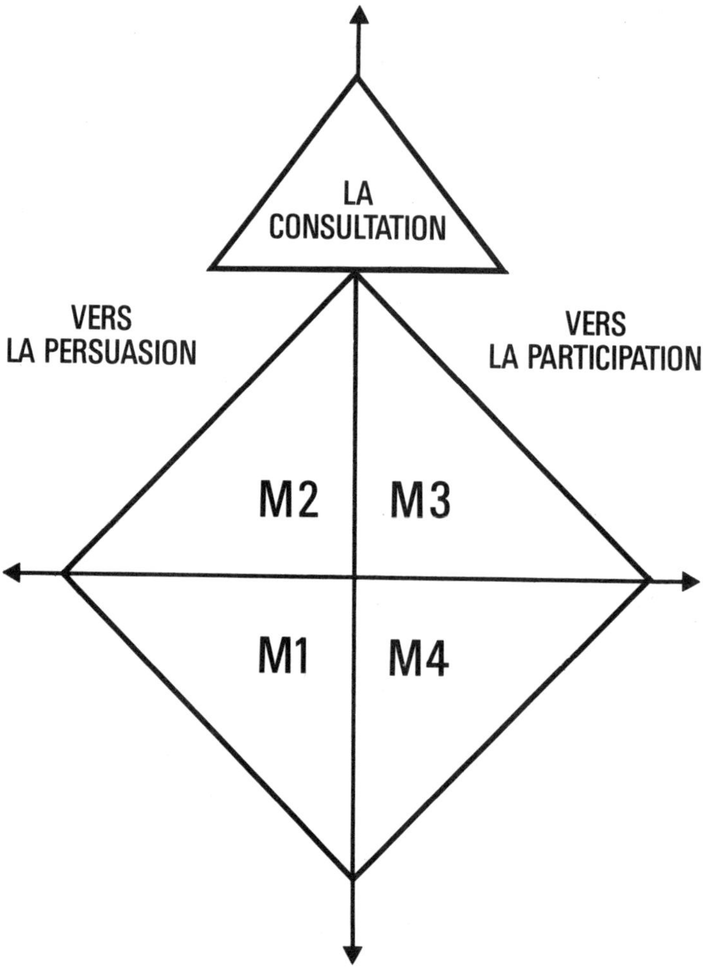

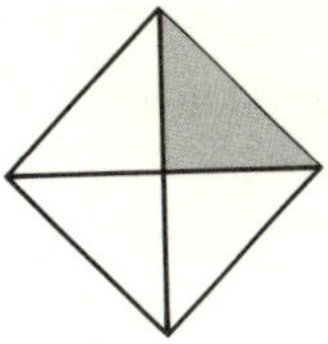

LE SECTEUR 3

style : PARTICIPATIF
rôle : ASSOCIER

Vous êtes chef de projet dans une société d'ingénierie, et vous constatez un dépassement de délais et de coûts dans la réalisation d'une affaire. Vous souhaitez, au cours d'une réunion de l'équipe qui travaille sous votre responsabilité, aborder la question en associant au maximum chacun des membres de l'équipe. Vous avez cependant quelque idée sur la manière de procéder pour résoudre le problème. Vous ouvrez la réunion :

« Nos tableaux de bord montrent que nous avons un retard dans nos délais et que nous sommes en dépassement de coûts. Nous avons identifié les raisons de ces dépassements et il nous faut, ce matin, rechercher des solutions puis choisir celle que nous mettrons en œuvre au plus vite. J'ai personnellement analysé quelques possibilités, mais je n'ai pas encore décidé, et je suis prêt à écouter celles que vous pourrez me soumettre (...) »

Jusque-là, peu de variations, en apparence, par rapport à la consultation. La véritable différence, à ce stade, réside encore dans l'esprit du manager, celui-ci étant le seul à pouvoir répondre à la question suivante :

Si mes collaborateurs proposent une solution différente de la mienne, suis-je prêt à l'accepter ?

Cette question est à la base même du processus participatif, et tout manager qui initialise un entretien ou une réunion devrait pouvoir y répondre avant d'être en contact avec ses collaborateurs.

Si la réponse à cette question est « non », il faut envisager un processus M2, avec au maximum une consultation annoncée comme telle.

M3

Secteur
Nord Est

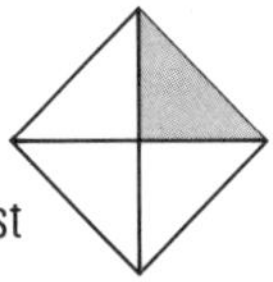

style : PARTICIPATIF
rôle : ASSOCIER

Le manager partage les décisions

COMPORTEMENTS

Peu organisationnels
Très relationnels

• ÉCOUTE / Le manager :

Conseille ses collaborateurs
Analyse des situations
Aide à résoudre des problèmes
Prend en compte les idées, suggestions et propositions des personnes et des groupes

• NÉGOCIATION / Le manager :

Aménage des solutions, parfois complexes, qui prennent en compte les intérêts mutuels des collaborateurs et de l'entreprise.
Dose l'acceptable et l'inacceptable

• PARTENARIAT / Le manager :

Travaille sur un pied d'égalité avec ses collaborateurs
Passe des « contrats » avec eux
Crée une ambiance de travail conviviale

EFFICACE SI

- Les contrats sont respectés
- Les décisions sont effectivement partagées
- L'écoute, le conseil sont au service des personnes

MOTS-CLEFS	CE QUE DIT LE MANAGER			
ÉCOUTE ***CONSEIL*** ***ARBITRAGE*** ***PARTENARIAT*** ***NÉGOCIATION***	**« JE » + « VOUS » + « NOUS »** Un accord Des contrats	Idées Intérêts Propositions Possible	Suggestions Débattre Concilier Étudier	Dialoguer Analyser Échanger Résoudre

INSEP©

Si la réponse à cette question est « oui, mais », il faut envisager un processus M3 de participation réelle.

Nous avons écrit « oui, mais », pour bien préciser qu'il ne s'agit pas là d'admettre sans analyse critique les solutions, idées et propositions émises : la participation n'est pas la soumission. Cela signifie, au contraire, que le manager s'engage dans un processus proche de la négociation dans lequel entrera de l'acceptable et de l'inacceptable, des arbitrages, des choix et des concessions. Il se peut d'ailleurs que les propositions faites soient inacceptables, peu réalistes, peu créatives : le manager serait alors conduit à proposer sa propre solution, à l'expliquer et à demander sa mise en application (retour en M2).

Un processus véritablement M3 sera, par contre, saturé de comportements d'écoute (des propositions, idées, suggestions,... émises par les collaborateurs) et de questionnement (pour faire préciser les positions des uns et des autres). Le manager jouera un rôle d'arbitre, en intervenant sur la forme de la réunion pour répartir la parole, synthétiser, organiser le temps, (...), mais aussi de participant actif, en soumettant ses propres idées et en les soutenant face à d'éventuels contradicteurs. En finale, un processus de décision par consensus, majorité, vote, (...) devra intervenir. Les propositions du manager pourront être retenues ou non. Elles auront peut-être contribué avec d'autres à mettre au point une solution nouvelle qui utilise à plein les ressources de l'ensemble du groupe.

Ces mécanismes de management participatif sont bien connus et maintes fois décrits par des auteurs français et étrangers. Soulignons cependant combien les dangers de perversion de ces processus sont importants, beaucoup de managers s'égarant de façon consciente ou non dans l'illusion de la participation et se retrouvant en finale taxés par leurs collaborateurs, à tort ou à raison, de « manipulation ».

Lorsqu'un manager a répondu « non », à la question de la page précédente, (il n'est pas prêt à partager la décision), mais qu'il souhaite tout de même prendre en considération les personnes qui travaillent avec lui et s'ouvrir aux processus participatifs, il peut arriver qu'il présente les choses de manière telle que ses collaborateurs[1] découvrent progressivement, au cours de la réunion, que les choses sont décidées ! Ceux-ci pourraient alors réagir et dénoncer la situation pour éviter qu'elle ne se reproduise. Mais ils ne le feront que très rarement, parce qu'ils ont le sens de la hiérarchie, et parce qu'après une ou plusieurs heures de débat, ils sont fatigués, lassés de paroles, et qu'ils attendent des actes... En termes de styles de management, « manipuler » signifie donc souvent présenter de manière M3 ce qui se révèle à l'usage managé en M2.

Le style participatif M3 sera donc largement employé pour gérer la phase de l'entretien annuel dans laquelle le collaborateur exprime ses souhaits d'évolution de carrière, pour aider un collaborateur expérimenté à résoudre une difficulté passagère, pour créer un groupe de travail chargé de proposer et de mettre en œuvre des solutions dans le cadre d'une nouvelle organisation, etc.

Il se caractérise (fiche technique, page 82) par des comportements variés à dominante fortement relationnelle d'écoute, de conseil, de négociation, d'étude de problèmes, qui ont pour commun dénominateur de permettre au collaborateur ou à l'équipe d'exercer un rôle actif dans les processus de décision et de créer un climat d'ensemble de convivialité et d'aide mutuelle dans le travail, favorable à l'expression individuelle. Ces comportements, très « techniques », sont l'objet de nombreux séminaires dits « de relations humaines ».

---

1 Ou parfois lui-même, ce qui est plus grave.

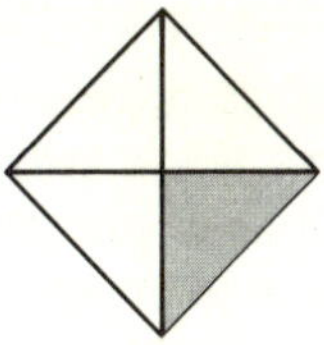

LE SECTEUR 4

style : DÉLÉGATIF
rôle : RESPONSABILISER

Le manager qui adopte un style M4 n'est ni très visible, ni très bruyant : faiblement organisationnel, il décide peu et organise peu, faiblement relationnel, il est peu présent auprès de ses collaborateurs. Dans les premières approches du management situationnel (Reddin, 1970), ce style était d'ailleurs considéré comme anémique, laxiste, inconsistant, déserteur,... ou, au mieux, comme bureaucratiquement attaché aux règles et aux procédures. Un manager qui intervient peu reste-t-il vraiment un manager ?

Nous avons pu constater, dans nos rencontres avec quelques milliers de managers au fil des séminaires, que les représentations attachées à ce métier sont sentimentalement liées à la notion de management de développement (M2 charismatique), même si le réalisme de la vie quotidienne montre que cela ne constitue qu'une partie du métier et ne convient qu'à certaines situations. Il nous faut donc insister ici sur le fait qu'un manager qui délègue une activité, une mission, un projet conserve, dans la discrétion, une fonction importante de suivi, d'évaluation, de soutien et de parrainage.

Plus précisément, nous parlerons de comportement délégatif lorsqu'un manager confie un objectif, une mission, un projet, une activité,... à une personne ou à un groupe, en lui laissant toute latitude sur le choix des moyens et des méthodes pour parvenir au résultat. La délégation gagne à intervenir dans un cadre qui définit contractuellement : les objectifs et les critères de réussite, les limites de la délégation, et le mode de suivi envisagé.

M4 Secteur Sud Est 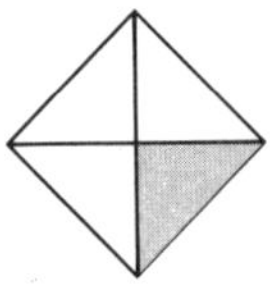	**style : DÉLÉGATIF** **rôle : RESPONSABILISER**	***Les décisions sont prises avec ou par le groupe ou la personne***
COMPORTEMENTS Peu organisationnels Peu relationnels	• On définit des missions, des objectifs, des projets que le collaborateur (ou le groupe) mènera par lui-même, selon ses propres méthodes. • L'initiative de ces missions, objectifs ou projets provient soit du manager, soit du collaborateur ou du groupe. • On envisage des rencontres périodiques pour faire le point. Ces rencontres sont organisées selon un calendrier prévu à l'avance ou à l'initiative du collaborateur. • Le manager exprime sa confiance par l'absence de comportements relationnels. • Il apporte une aide indirecte : contrats, appuis, informations,... • Il évalue périodiquement les résultats avec le collaborateur ou le groupe. Il donne le droit à l'erreur non répétitive.	
EFFICACE SI	• Correspond à une responsabilité partagée. • Bon calibrage de la délégation. • Permet d'accroître l'expérience du collaborateur.	
MOTS-CLEFS	**CE QUE FAIT LE MANAGER**	
RESPONSABILITÉ ***INITIATIVE*** ***RISQUE*** ***ÉVALUATION***	Le manager observe, analyse les comportements et les résultats, évalue les performances à l'aide d'un système d'information directe et indirecte. **INSEP©**	

Six critères complètent cette définition de la délégation :

1. Si la délégation rend le collaborateur responsable devant le manager, celui-ci demeure responsable devant les autres : la responsabilité se partage, mais ne se délègue pas.

2. Les activités menées par le collaborateur ou le groupe pourraient l'être par le responsable lui-même. Confier des tâches mineures ou désagréables n'est pas déléguer.

3. Sauf cas exceptionnel, la délégation reste effective pour toute la durée de la réalisation de l'objectif. Un remplacement provisoire n'est donc pas une délégation. Il peut cependant constituer un bon test d'aptitude à recevoir une délégation.

4. Le maintien de la délégation suppose que le manager manifeste sa confiance auprès du collaborateur ou du groupe et de l'environnement, et met en place un dispositif d'alerte en cas de difficulté à réaliser la mission confiée.

5. L'ampleur de la tâche de la mission confiée doit être évaluée en fonction de la personne : demander une photocopie à une secrétaire n'est pas une délégation, mais une instruction (M1) plus ou moins expliquée (M2). Le critère est ici que l'activité confiée permette un accroissement du savoir-faire et de l'expérience du collaborateur. Dans cette optique, confier à une secrétaire la coordination d'un projet et la gestion d'un planning peut être une délégation effective.

6. Certaines missions et activités sont indélégables, comme la conduite de l'équipe, le suivi des performances, les opérations de fin d'année, ... et la

conduite stratégique de l'unité ou du projet dont le manager a la charge.

Dans ces limites et avec ces précisions, le style M4 (fiche technique, page 86) permet à un manager de rendre ses collaborateurs responsables devant lui de la réalisation d'objectifs, missions ou projets. Les rencontres sont donc limitées à la définition du contrat initial de délégation et aux réunions destinées à faire le point sur l'avancement de la mission confiée. En dehors de ces moments-là, l'absence de communication sur la mission entre manager et collaborateur est le gage que l'on se trouve bien dans le secteur M4 ...

Nous avons maintenant envisagé les quatre styles de base et donné quelques exemples et définitions pour permettre au lecteur de disposer d'un outil d'analyse des situations de management. Après l'encadré sur Blake et Mouton, le lecteur trouvera la grille de dépouillement du questionnaire « Êtes-vous un manager situationnel ? ».

BLAKE ET MOUTON : LE STYLE IDÉAL

C'est à deux Américains, Blake et Mouton (1980) que revient la primeur de la conception de la très connue « grille du management » (première mise au point en 1964). Nous avons reproduit sur le schéma 10 la grille telle qu'elle se présente dans cette approche. Leurs sources sont au nombre de deux : l'approche par l'organisation du travail et les conditions de travail (Taylor, Mayo, ...) et l'approche par le leadership et la personnalité des responsables (Lewin, Lippitt, White).

A la différence de l'approche que nous présentons, Blake et Mouton personnalisent intensément les positions et les styles et tracent un portrait psychologique des managers engagés dans ces attitudes.

On reconnaît, par exemple, en 9,1 et 1,9 des types purs correspondant aux styles M1 et M3. Le 9,1 (M1) est qualifié de « haute pression », et ses mots-clefs sont : « autorité-obéissance ». Pour ce manager, écrivent Blake et Mouton, « l'efficacité est obtenue en aménageant des conditions de travail de telle manière que l'élément humain n'interfère que de façon minimum ». Cette description est accompagnée d'une analyse des causes d'une telle attitude dans l'enfance et d'une description de la pathologie associée, qui comprend entre autres : la dépression, la migraine, l'accident cardiaque et le suicide... !

C'est que, pour Blake et Mouton, aucun style n'est véritablement bon, hormis le style 9,9 (M2) en fonction duquel toute l'approche a été construite. Le style 1,9 (M3) correspond plus à celui d'un animateur de camp de vacances (« country club ») qu'à celui d'un manager, le style 1,1 (M4) se caractérise surtout par sa transparence et son inexistence, le style 5,5 (point central) est un style de compromis considéré comme valable, mais insuffisant par rapport au style idéal situé dans le coin Nord Est.

Cet idéal repose sur un fort engagement du manager qui dépense une énergie maximale dans les deux directions à la fois, pour atteindre des objectifs ambitieux grâce à un travail d'équipe solidaire qui permet le respect et la confiance mutuelle.

suite page 90

BLAKE ET MOUTON : LE STYLE IDÉAL

Cet idéal du manager entreprenant, capable de conduire des projets ambitieux et de mobiliser une équipe est à la fois séduisant et inquiétant. Séduisant, parce qu'il recouvre assez bien la notion très actuelle et nécessaire de « leader ». Inquiétant, parce qu'il ne laisse pas de place pour un ensemble d'attitudes plus contrastées, puisqu'il repose sur deux présupposés :

1. Il existe un bon style de management, qui peut convenir quelles que soient les situations (un « modèle déposé » du bon manager).

2. Le style est enraciné dans la personnalité du manager lui-même.

Force est cependant de constater que de nombreux travaux ont rendu ces présupposés incertains :

1. Les expériences de French, menées entre 1948 et 1960, ont montré qu'un style indiscutablement supérieur aux autres dans un pays (le style participatif aux Etats-Unis) peut être inefficace dans un autre (en Norvège).

2. Les travaux des sociologues français (notamment les équipes de Crozier et de Sainsaulieu), et le jeu des différents acteurs de l'entreprise, ont montré que le pouvoir du manager est fortement limité par celui de ses collaborateurs : le style n'est pas le produit du caractère, mais aussi de ce que la situation permet de faire.

Mais nous sommes ici dans une querelle d'experts qui est toujours actuelle, puisque Blake et Mouton ont réajusté régulièrement leur approche et réagi au management situationnel en écrivant « The versatile manager » puis en introduisant une troisième dimension ? !...

Outre la mise au point de la grille qui a servi de modèle de référence à nombre de leurs successeurs, soulignons que leur apport principal réside dans l'utilisation de l'équipe comme support au management de développement.

BLAKE ET MOUTON : LE STYLE IDÉAL

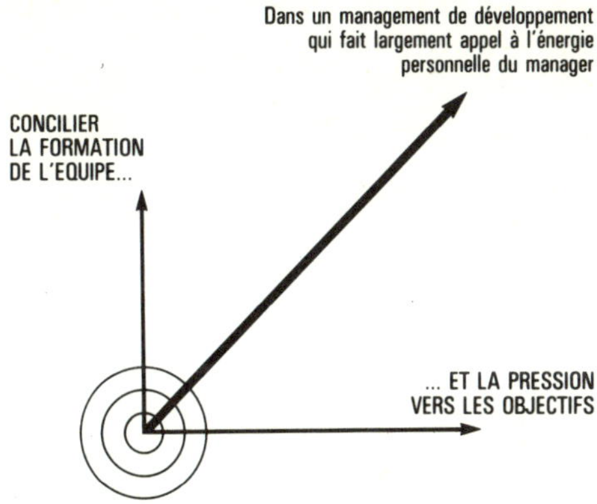

PARTIE 1 : L'ÉNERGIE DU MANAGER

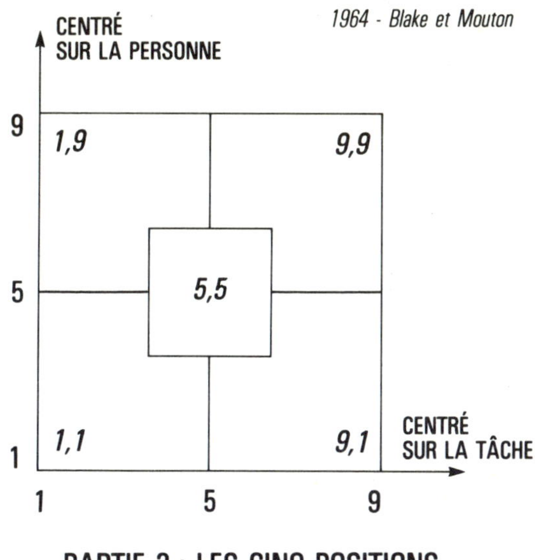

PARTIE 2 : LES CINQ POSITIONS

SCHÉMA 10 : LA GRILLE DE BLAKE ET MOUTON

DÉPOUILLEMENT DU QUESTIONNAIRE
Êtes-vous un manager situationnel ?

COMPLÉMENT SUR LES STYLES

Après un premier dépouillement du questionnaire, nous proposons au lecteur un complément d'analyse sur les styles mixtes.

Les styles contigus M1/M2, M2/M3 et M3/M4 montrent une spécialisation dans un secteur du management, qui peut être très appropriée à un environnement donné, mais limiter le manager s'il rencontre des situations variées.

Les styles M1/M3, M2/M4 et M1/M4 manifestent comme précédemment une spécialisation, mais souffrent en outre d'un manque de continuité qui peut être source de difficultés pour le manager qui doit alors travailler à développer le(s) secteur(s) intermédiaire(s) manquant(s).

Le manager efficace est celui qui est capable d'exercer tous les styles, lorsque la situation commande de le faire.

1. DÉPOUILLEMENT DU QUESTIONNAIRE

PREMIÈRE PHASE

Nous vous proposons tout d'abord de vérifier que vous avez bien intégré l'analyse des quatre styles de management. Pour cela, revenez en arrière, page 52, et relisez les réponses proposées aux huit mini-cas qui vous étaient soumis. Identifiez les attitudes M1, M2, M3, M4, et notez-les sur le questionnaire.

DEUXIÈME PHASE

Reportez-vous maintenant au tableau 11.1, page 96, et vérifiez que vous avez correctement identifié les quatre styles. Entourez au fur et à mesure les réponses que vous avez choisies.

TROISIÈME PHASE

Utilisez maintenant le tableau 11.1 pour faire le point sur votre style en cumulant horizontalement les résultats des lignes M1, M2, M3 et M4. Reportez-les ensuite sur le schéma 11.2.

2. ANALYSEZ MAINTENANT VOS RÉSULTATS

Avez-vous utilisé les quatre styles ?
Si non, quel est celui qui manque ?

Voyez-vous apparaître une dominante ? Plusieurs ?
Ces dominantes sont-elles voisines ou séparées ?

Que représente la somme de vos deux styles majeurs ? Un intérêt pour le relationnel (M2/M3) ou l'inverse (M1/M4) ? Avez-vous une tendance « Ouest » (organisationnelle) ou « Est » (peu organisationnelle) ?

Quel lien faites-vous avec l'utilisation de votre temps ?

Bien entendu, un tel instrument ne peut être comparé à un test plus raffiné, et la formulation de certaines questions a pu influencer vos réponses. Mais peut-être venez-vous d'avoir une information importante sur vos tendances en matière de management des individus et des groupes ?

TABLEAUX 11 pages 96 et 97

PREMIER DÉPOUILLEMENT DU QUESTIONNAIRE

STYLES / *CAS*	M1	M2	M3	M4
Cas n° 1	D	B	A	C
Cas n° 2	B	C	A	D
Cas n° 3	A	D	C	B
Cas n° 4	B	A	C	D
Cas n° 5	C	B	A	D
Cas n° 6	C	B	D	A
Cas n° 7	D	B	C	A
Cas n° 8	B	C	D	A
VOTRE TOTAL PAR STYLE	**M1**	**M2**	**M3**	**M4**

LE TOTAL GÉNÉRAL (M1 + M2 + M3 + M4)
DOIT FAIRE **8**

TABLEAU 11-1

POUR UTILISER CETTE GRILLE

- Entourez dans chaque ligne la réponse que vous avez choisie pour chaque cas.
- Additionnez, colonne par colonne, le nombre de réponses entourées pour chaque style.

Le total doit faire 8.

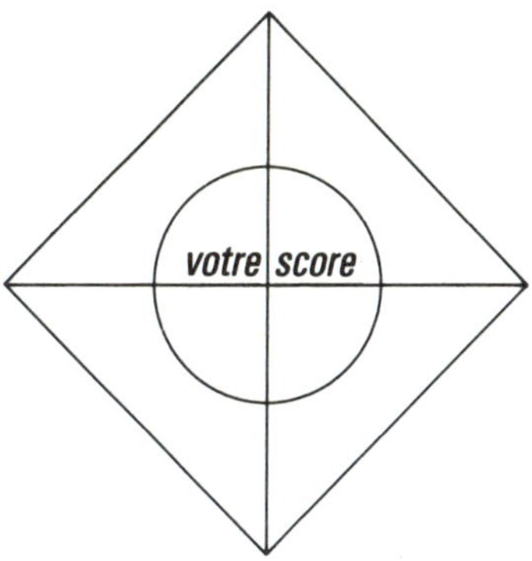

Inscrivez dans le cercle central votre score en chiffres.

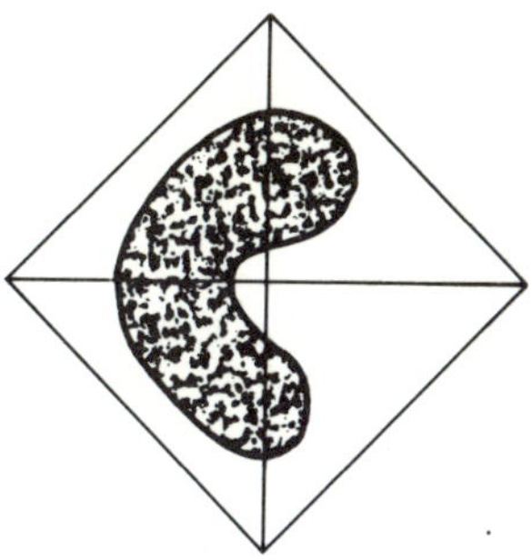

Vous pouvez ensuite visualiser le résultat comme sur l'exemple ci-dessus.

SCHÉMA 11.2

Nous allons maintenant donner quelques indications sur les dominantes possibles.

3. LES DOMINANTES : ANALYSE DES STYLES MIXTES

3.1 LES SECTEURS VOISINS

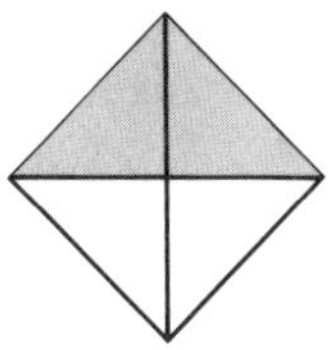

La dominante M2/M3 : C'est le style le plus fréquent, et son efficacité est bonne dans les grandes entreprises lorsque la complexité des relations exige beaucoup de diplomatie et de sens du contact.

Les managers qui ont cette dominante sont très relationnels, c'est-à-dire qu'ils aiment s'exprimer et permettre aux autres de le faire. Ils sont rarement neutres, absents, et on les voit souvent en réunion écouter, dialoguer, négocier, expliquer, convaincre, ... Leurs points faibles : lorsqu'il faut intervenir de façon strictement organisationnelle (M1), ou rester en arrière du front et laisser leurs collaborateurs faire par eux-mêmes (M4).

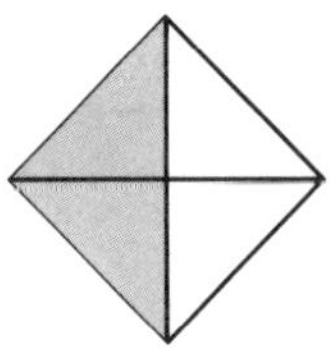

La dominante M1/M2 est très positive lorsqu'il faut initialiser des projets, former des collaborateurs nouveaux, rester proche du terrain. Elle se révèle efficace dans les secteurs où les activités sont très structurées comme certaines unités de production.

Elle se rencontre fréquemment chez les professionnels (techniciens, ingénieurs, vendeurs, mais aussi médecins, publicitaires,...) qui encadrent d'autres professionnels en continuant à exercer leur métier initial par goût personnel. La faiblesse de ce style : il limite considérablement l'initiative de collaborateurs ou de groupes qui attendent plus de participation et de responsabilités. Il engendre de ce fait des conflits avec les collaborateurs hautement qualifiés.

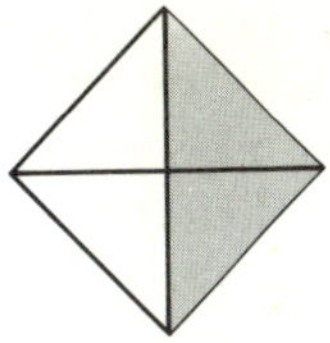

La dominante M3/M4 : C'est la plus rare. On la rencontre le plus souvent loin du terrain, dans les états-majors et les « staffs », lorsqu'il faut analyser, concevoir, planifier et évaluer à moyen et long terme.

Les managers qui ont cette dominante sont très à l'aise pour diriger une équipe de professionnels compétents (des consultants, des vendeurs, des acheteurs, ...) auxquels ils fixent des objectifs sur de longues périodes et qui sont souvent absents parce qu'ils sont sur le terrain. Leur faiblesse : lorsqu'il faut commander, organiser, structurer des activités et revenir vers des styles plus organisationnels M1/M2.

3.2 LES SECTEURS « CROISÉS »

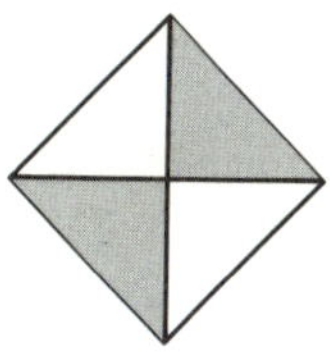

La dominante M1/M3 se rencontre souvent chez des managers qui ont une vision très tranchée des capacités et des talents de leurs collaborateurs. Les plus capables méritent alors d'être managés en M3, les autres bénéficieront d'un traitement M1. Ces choix peuvent d'ailleurs être très adaptés aux besoins de leurs collaborateurs ou groupes, mais posent le problème du développement de ceux qui appartiennent à la catégorie des « moins capables », et qui tireraient un grand profit d'un style M2 pédagogique et persuasif.

Une autre forme sous laquelle cette dominante se manifeste est l'alternance, chez le manager, de phases M3 (le dialogue est ouvert) et de phases M1 (voilà les consignes pour le mois prochain) qui donnent aux collaborateurs l'impression que le manager oscille entre l'idéal de la participation et les contraintes du moment.

Ce style, donc, appelle le développement des secteurs manquants M4 et surtout M2.

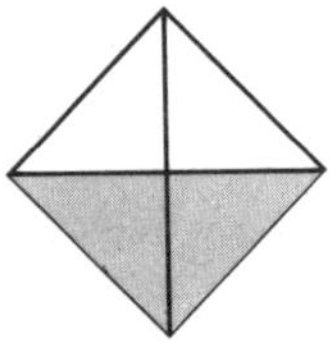

La dominante M1/M4 est la moins relationnelle de toutes. Les secteurs ne sont pas vraiment croisés, mais sont séparés par les deux cases M2 et M3. Les managers qui ont ce profil très accentué sont très adaptés aux situations de crises dans lesquelles il faut être à la fois très organisationnel et très délégatif. Cette dominante est très « économique » sur le plan des contacts humains, et peut être efficace à court terme, mais rarement à moyen et long terme, car il manque alors tous les aspects relationnels, ce qui provoque très vite des insatisfactions : « on ne nous consulte pas », « on ne nous écoute pas », etc.

Certains managers ont ce profil peu accentué, et rejoignent alors la catégorie précédente. Ils font une séparation entre les personnes compétentes à qui l'on peut faire confiance (M4) et celles qui ne le sont pas, et qui doivent être suivies de très près (M1). Là aussi, le risque est grand de ne pas développer la compétence de ces derniers à l'aide des styles intermédiaires M2 et M3.

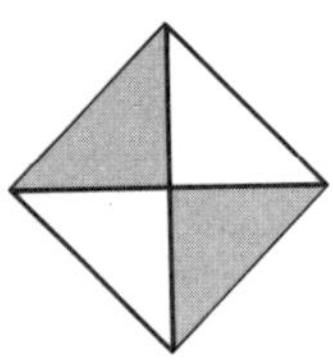

La dominante M2/M4 marque le manque de participation, de négociation, de transaction. Le manager propose, mobilise, persuade (M2) puis disparaît (M4). Quand il intervient, c'est pour recentrer sur ses idées, ses vues, ou les objectifs de l'entreprise. Il ne crée pas de partenariat entre lui et son collaborateur, donc pas assez de connaissance et de confiance mutuelles, ce qui parasite la délégation. Ce style appelle fortement le développement de la case M3.

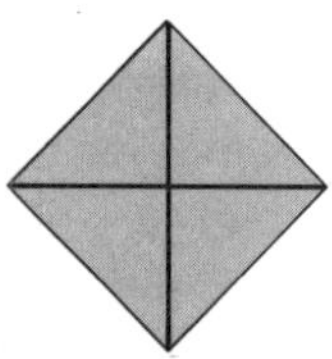

4. LA « DOMINANTE » IDÉALE...

est, bien sûr, M1/M2/M3/M4, c'est-à-dire l'absence de dominante, qui manifeste la capacité à jouer de tous les styles lorsque la situation commande de le faire. Ceci suppose, bien entendu, que l'on adopte le style le plus approprié aux situations.

Pour cela, un deuxième dépouillement du questionnaire est prévu (page 130). Vous pourrez évaluer votre capacité d'adaptation à l'aide d'un score qui sanctionne la plus ou moins grande distance par rapport aux réponses efficaces pour chacun des huit cas proposés.

Mais avant de procéder à ce deuxième dépouillement, nous vous proposons d'examiner les règles pratiques d'adaptation du style à l'autonomie des personnes à travers les cycles progressifs et régressifs. Ces règles nous fourniront les bases de ce deuxième dépouillement et nous permettront de proposer une analyse détaillée des réponses possibles.

CHAPITRE 4

LES VOIES DE L'AUTONOMIE
Comment adapter le style aux situations ?

L'autonomie professionnelle se définit dans l'entreprise comme la combinaison de la compétence et de la motivation d'une personne ou d'un groupe dans le cadre d'un objectif, d'une mission, d'un projet. Elle est relative à une situation précise, ce qui signifie qu'une même personne possède des degrés d'autonomie professionnelle variés selon les situations qu'elle rencontre.

Le rôle du manager situationnel est de s'adapter en permanence à l'autonomie des individus et des groupes et de faire progresser cette autonomie vers les niveaux les plus élevés compatibles avec les contraintes de l'environnement de travail.

Ce chapitre examine les écueils à éviter pour réaliser cette progression et montre comment on peut la réaliser à l'aide d'une série de cycles progressifs et régressifs qui font appel aux quatre styles.

Les multiples facteurs qui composent l'environnement du travail sont susceptibles d'influencer le style d'un responsable : la culture de l'entreprise, la nature des activités exercées, les attentes de la hiérarchie et des collègues, l'autonomie des collaborateurs. La première condition de l'efficacité consiste naturellement à se mettre en phase avec cet environnement, puis à le faire évoluer de manière à pouvoir progresser vers des styles plus participatifs ou délégatifs.

Dans un prochain ouvrage, nous analyserons l'ensemble de ces facteurs, et nous montrerons comment un responsable peut en tenir compte pour faire évoluer à moyen et long terme ses méthodes de management.

Dans la suite de ce livre, nous ne prendrons en compte que le plus important d'entre eux : l'autonomie des personnes et des groupes dont le manager a la responsabilité.

1. L'AUTONOMIE DANS L'ENTREPRISE

Dans le chapitre 1, nous avions indiqué qu'un individu qui ressent un fort besoin d'autonomie est très centré sur lui-même, prêt à s'investir dans des projets dont il perçoit la finalité, et désireux de nouer des relations avec d'autres personnes dans le cadre de ces projets. Nous avions aussi précisé que la performance de l'entreprise passait par le développement de ces qualités chez ceux qui y travaillent.

Force est cependant de constater que :

- Ceux qui travaillent dans les entreprises ne ressentent pas tous ce besoin.

- Ceux qui ressentent fortement ce besoin doivent le concilier en permanence avec les exigences de l'entreprise. Les activités et les missions qui leur sont proposées ne permettent pas toujours de le combler.

- Les managers ne peuvent pas se transformer en mages, gourous ou thérapeutes et intervenir sur leurs collaborateurs pour les rendre plus autonomes en transformant leur personnalité.

Nous proposons donc d'adopter une approche modeste mais efficace, qui consiste à n'évaluer l'autonomie professionnelle que relativement à une situation donnée. Nous la définissons alors comme la capacité et la volonté d'une personne d'atteindre un objectif, de réussir une mission, de mener à bien un projet. Le schéma 12 traduit par un triangle ces trois pôles de l'autonomie « en situation » :

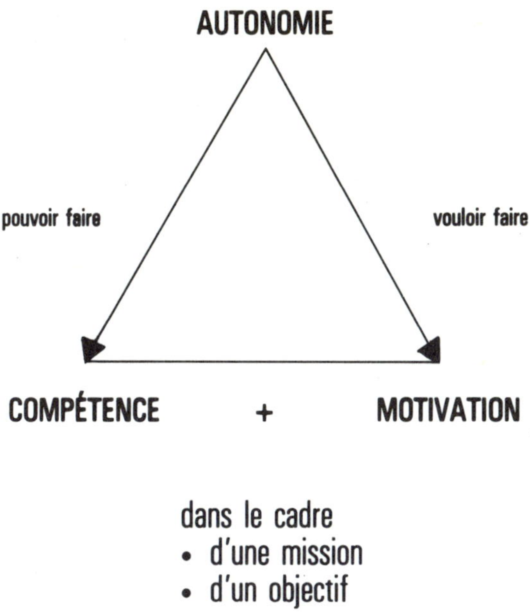

SCHÉMA 12

L'autonomie professionnelle est donc la somme de trois ingrédients :

UN OBJECTIF

Que l'on a donné à la personne (M1, M2), que l'on a négocié avec elle (M3), ou qu'elle s'est donnée à elle-même avec l'accord de son manager (M4).

UNE CAPACITÉ

C'est-à-dire un ensemble de connaissances et d'expériences et un potentiel de développement, que nous résumons par le terme de « compétence ».

UNE VOLONTÉ

C'est-à-dire une envie de faire, d'investir une énergie personnelle dans la situation, que nous résumons par le terme de « motivation ».

Cette manière de définir l'autonomie appelle plusieurs remarques :

1. Comme le style des managers, cette qualité n'est pas attachée à la personne, mais relative à la situation rencontrée. Un même individu pourra donc avoir des niveaux d'autonomie professionnelle très divers face aux missions, activités et objectifs qui lui sont confiés. Un vendeur, un ingénieur de haut niveau pourront posséder une autonomie importante pour aller en clientèle et négocier pied à pied des contrats ambitieux ou mettre au point une étude difficile, mais très faible pour rédiger un rapport de vente ou un compte rendu d'essais.

2. La compétence et la motivation ne sont pas toujours en phase. C'est ainsi que certaines erreurs de management se concluent par une position basse en motivation, haute en compétence (un professionnel très compétent, mais démotivé pour une activité), alors que certaines réussites de recrutement se traduisent par des positions hautes en motivation,... mais basses en compétence !

3. Une telle définition signifie que le dévelopement des individus, en management situationnel, passe par une approche ponctuelle et modeste, mission par mission, objectif par objectif.

4. Ce développement passe par une série de cyles progressifs dans lesquels les responsables adoptent successivement les quatre styles pour parvenir, lorsque cela est possible, à la position M4 pour chaque objectif, mission ou activité.

Ce chapitre va traiter de la manière de mener ces cycles progressifs, en les accompagnant parfois de « cycles régressifs » qui correspondent à une baisse d'autonomie des collaborateurs. Mais avant de développer ces techniques, nous souhaitons avertir les managers des écueils qui les guetteront lorsqu'ils navigueront sur la carte des styles...

2. LES ÉCUEILS

2.1 « IL FAUT LES MOTIVER »

Nous rencontrons fréquemment des managers de niveaux intermédiaires dans de grandes entreprises qui nous disent, avec un air à la fois grave et amusé, que leur responsable direct leur rappelle régulièrement (en M2) qu'il faut « les motiver » (« les » désigne, bien sûr, les collaborateurs dont ils ont la responsabilité), que « c'est un aspect essentiel de leur métier que de motiver les gens », que « l'entreprise, actuellement, compte tenu de la situation tendue sur les marchés extérieurs, attend beaucoup d'eux », etc.

De tels propos laissent perplexes les managers : « qu'est-ce qu'il veut dire par là ? », « ce que je fais ne contribue donc pas à « les motiver ? », « faut-il faire autrement, mais comment ? », etc. Cette perplexité s'aggrave d'ailleurs lorsqu'un collègue, avec un soupçon de perversité, leur demande si ces propos contribuent à les motiver, eux, pour motiver leurs propres collaborateurs.

Cette formulation de la question de la motivation est moins anodine qu'elle n'en a l'air, car elle révèle que dans certaines entreprises une des composantes irréductibles de la psychologie humaine n'a pas été prise en compte dans les mœurs et les croyances des managers.

À l'évidence, les individus qui travaillent dans un service, un département, ont des degrés de motivation variés pour exercer les activités qui leur sont confiées, et certains d'entre eux sont globalement plus enclins à investir leur énergie dans le travail que d'autres. Mais ceux-là même qui sont les plus « motivés » ne le sont pas de l'extérieur. La motivation est une énergie individuelle qui se déclenche lorsqu'une personne trouve dans son environnement de travail des raisons de « s'investir » dans des activités qui répondent à ses attentes et à ses désirs.

Le rôle du manager est donc de créer par son propre engagement, par la dynamisation des équipes et par l'organisation du travail des conditions favorables à l'éclosion de ces énergies. Puis de s'assurer d'une bonne adéquation entre les attentes des personnes et les activités qu'elles exercent.

À la lettre, il ne pourra rien faire pour motiver quelqu'un, mais par contre il lui faudra tout faire pour connaître les collaborateurs et identifier les ressorts intérieurs sur lesquels s'appuient leurs motivations[1].

1. Nous consacrerons un futur ouvrage aux méthodes d'identification et de développement des motivations.

Dans certains cas, il faudra tout simplement attendre, en plaçant une personne dans un climat de confiance, que la motivation se manifeste d'elle-même. Nous appelons cela « la stratégie de l'attente active », qui suppose pour le manager de réaliser des tests et, bien entendu, d'évaluer le délai « d'éclosion », comme nous le montrons dans la troisième partie de ce chapitre.

2.2. « SOYEZ AUTONOMES »

C'est à Paul Watzlawick et à ses collègues (1967) que nous devons d'avoir mis en évidence le caractère paradoxal de certaines formules employées par une personne en situation de responsabilité (qu'il s'agisse d'un parent vis-à-vis de ses enfants ou d'un manager face à ses collaborateurs). Analysées par un observateur extérieur, ces formulations déconcertent et font sourire. Mais de l'intérieur, elles sont proprement « invivables ». Qu'on en juge plutôt :

C'est le cas de cet enfant peu souriant avec un parent lointain, à qui l'on commande de sourire, en le menaçant d'une fessée. La situation d'ensemble (imposition) est contradictoire avec le comportement attendu (le sourire, qui est spontané). Le parent lointain a donc plus de chances de se trouver face à un ruisselet de larmes qu'à un large sourire.

C'est aussi le cas de cette mère de deux enfants (3 et 7 ans) auprès de laquelle je voyageais récemment en train, et qui souhaitait lire un roman. Pour cela, elle avait allongé le benjamin, 3 ans, avec l'injonction suivante : « Dors, mon chéri ».

Mais comme beaucoup de ses semblables, l'enfant en question n'avait pas envie de dormir sur commande. Devant son refus, une deuxième injonction, définitive, celle-là, lui fut adressée : « Calme-toi, sinon tu auras une fessée »... L'enfant est resté une bonne heure dans un état d'inhibition complet, ne sachant s'il fallait exprimer son envie de bouger et risquer la fessée ou dormir pour satisfaire sa mère.

Le lecteur qui a déjà fait des efforts conscients pour s'endormir et apprécié leur totale inefficacité jugera de la difficulté pour cet enfant à programmer l'improgrammable, c'est-à-dire un comportement spontané. Ces situations peuvent même s'accompagner d'une rare perversion lorsque la demande porte sur le fait de prendre plaisir à faire quelque chose : « Mais fais donc tes devoirs avec joie, d'ailleurs moi, quand j'avais ton âge... ! »

Mais revenons à l'entreprise et au management pour reproduire ici les propos de ces managers qui, en situation de réunion, annoncent tranquillement à leurs collaborateurs :

Manager N° 1 : Voilà maintenant deux heures que nous débattons sur la question que je vous ai soumise. Il faut maintenant que nous aboutissions à un consensus, et il ne nous reste plus que 20 minutes pour cela...

Manager N° 2 : Face à ce changement, nous devons répondre de manière active et dynamique. Voici mes décisions, (suit une liste d'instructions précises et détaillées). Ce que j'attends de vous maintenant, ce sont des idées...

Le lecteur appréciera s'il trouve dans ces propos l'écho de paroles connues ou ayant existé dans son environnement de travail. Il se souviendra peut être de situations dans lesquelles il lui est arrivé de tenir à un collaborateur peu autonome des propos du genre : « vous êtes trop docile », « soyez plus agressif dans vos contacts avec les clients », « n'hésitez pas à prendre des responsabilités », etc.

Les ingrédients qui composent ces situations sont les suivants :

- Une personne se trouve en situation de responsabilité vis-à-vis d'un groupe ou d'un individu.
- Cette personne souhaite que cet individu ou ce groupe prenne plus d'autonomie.
- Cette personne formule sa demande, mais le fait même d'y répondre placerait son interlocuteur en situation de dépendance ou d'obéissance.

Que peut donc faire un collaborateur à qui l'on dit en substance : « je te commande d'arrêter de te soumettre ». Quatre solutions sont possibles :

1. Il accepte l'injonction, ce qui est la marque d'un manque d'autonomie évident et présente de grandes chances de générer à terme ce que le psychologue appelle des «conduites d'échec».
2. Il refuse l'injonction et fait preuve d'autonomie mais aussi d'insubordination vis-à-vis de son manager, ce qui présente de grandes chances de générer à terme une image peu favorable auprès de celui-ci.
3. Si aucune des deux solutions précédentes ne convient au collaborateur, celui-ci peut se trouver dans un état de complète inhibition : il ne trouve rien à dire, ni à faire et reste moralement prostré, comme l'enfant dans le train.
4. Enfin, la quatrième solution consisterait à sortir de la situation pour en parler et la dépasser (ce que les experts appellent la « métacommunication »). Bien que plus difficile, cette solution est cependant la plus efficace pour sortir de ce type d'impasse. Mais il se peut qu'aucun des deux interlocuteurs n'ait les moyens de le faire (parce que le collaborateur n'ose pas et que le manager ne pense même pas qu'il faudrait le faire, par exemple). Cette issue est alors bloquée.

5. Un cinquième moyen consisterait à ne pas créer ce genre de situation, grâce aux méthodes du management situationnel, ce à quoi nous invitons vivement le lecteur !

Après avoir lu ces lignes, celui-ci dispose désormais[1] d'un instrument de « métacommunication » susceptible de l'aider à identifier ces situations bloquées et bloquantes. Il pourra donc apprécier s'il souhaite poursuivre ou non la lecture de ce livre.

L'auteur précise, cependant, que le lecteur qui arrêterait sa lecture ici, ne disposerait pas des éléments qui permettent de faire le lien entre cette question et les cycles progressifs et régressifs.

Mais l'auteur souhaite que le lecteur soit pleinement libre de ses choix...

3. LES CYCLES PROGRESSIFS ET RÉGRESSIFS

Comment donc réussir à conduire les individus vers des niveaux d'autonomie élevés en évitant à la fois le piège de l'approche directe (« il faut les motiver »), et le paradoxe de l'autonomie qui consiste (pour le manager) à l'imposer ? La réponse réside dans une triple tâche pour le manager (schémas 13).

1. Se mettre en phase avec l'autonomie des individus et des groupes dont il a la responsabilité (en tenant compte des contraintes de l'environnement).

2. Faire progresser cette autonomie par étapes en faisant évoluer progressivement son style de management (cycles progressifs, schéma 13-1).

---

1 A supposer qu'il n'ait jamais eu au préalable de présentation de ces phénomènes.

3. Régresser en styles lorsque la situation commande de le faire (cycles régressifs, schéma 13-2).

3.1 LE CYCLE PROGRESSIF

Le schéma 14 présente un tel cycle. On y reconnaît au centre les styles de management, inscrits dans le losange, et à la périphérie les quatre niveaux d'autonomie du collaborateur : très faible (A1), faible (A2), modérée (A3) et forte (A4), Le cycle progressif consiste, pour le manager, à adopter successivement chacun des styles pour chaque objectif, mission, projet, activité.

Prenons, par exemple, le cas d'une secrétaire débutante qui initialise un nouveau travail. Elle est pleine de bonne volonté, mais sa compétence et son expérience sont faibles. Il vous faut donc exercer en majorité des styles organisationnels pour aider cette personne à entrer pleinement dans sa fonction. Vous allez cependant évaluer son autonomie pour différentes activités et missions.

- Lorsqu'il faut frapper une lettre, son autonomie est modérée à forte grâce à une bonne formation initiale, qu'il vous a suffi de compléter en lui donnant les consignes et instructions nécessaires. Actuellement, vous managez cela en M2/M3 : explication des habitudes de l'entreprise, dialogue sur la façon de faire, prise en compte de ses suggestions.
- Pour la tenue des plannings, la formation de base était insuffisante : vous avez dû passer une journée entière à mettre en place des outils, expliquer leur maniement, etc. (M1/M2).
- Pour les réponses aux demandes des autres services (fréquentes dans votre activité), cette personne manque actuellement d'assurance. Il vous faut passer du temps à donner des instructions, expliquer, convaincre (M1/M2).

L'ADÉQUATION STYLE/AUTONOMIE

CYCLE PROGRESSIF

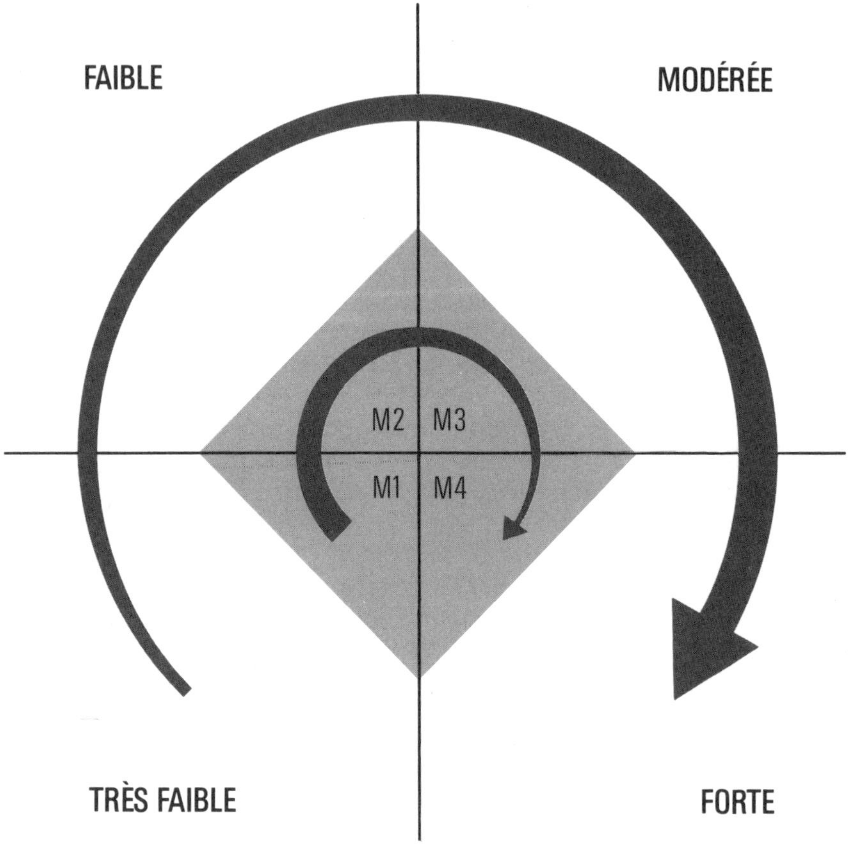

SCHÉMA 13-1

L'ADÉQUATION STYLE/AUTONOMIE

CYCLE RÉGRESSIF

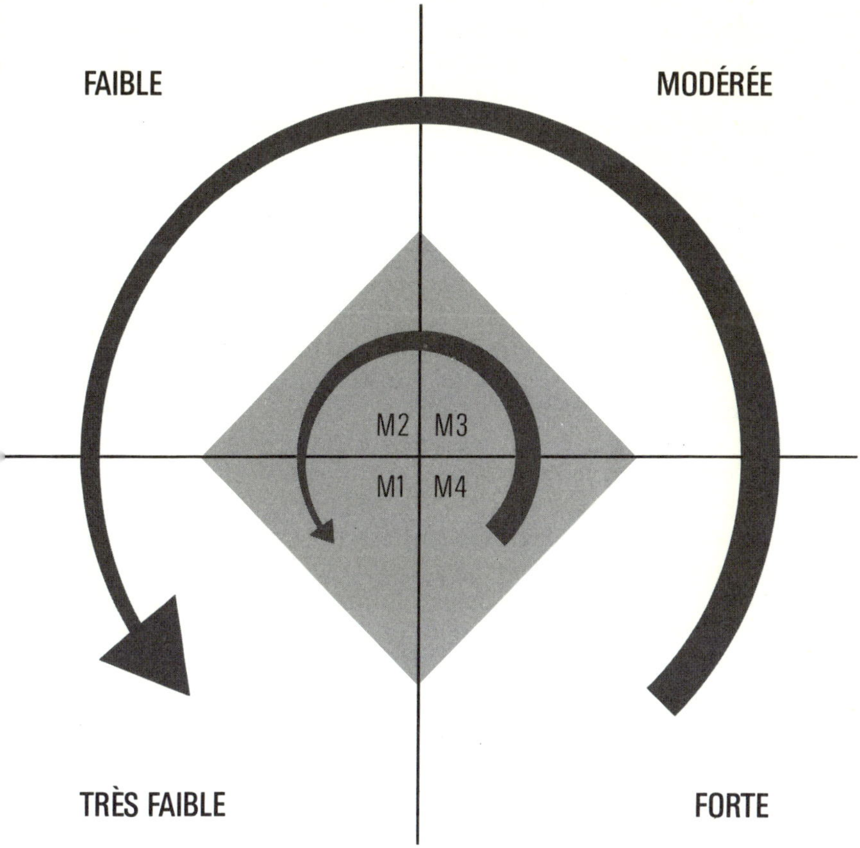

SCHÉMA 13-2

Après cette mise en phase, qui porte sur les activités principales, vous allez envisager une progression. Prenons, par exemple, la réponse aux demandes.

Vous allez étudier vous-même le type de demandes reçues et faire un schéma, une check-list, un organigramme,... que vous allez lui expliquer (M2). Vous écouterez attentivement la manière dont elle répond aux appels. Vous relèverez les points forts et vous les lui signalerez. Vous exprimerez votre confiancce dans ses capacités à progresser. Au fur et à mesure que le temps va passer, vous saisirez les occasions d'expliquer les méthodes employées dans le service, de l'inviter à venir avec vous dans certaines réunions pour connaître ses partenaires de travail, de lui fournir de la documentation, de lui faire suivre un séminaire interne, etc.

Et puis, un jour, c'est elle qui viendra vous voir en fin d'après-midi dans votre bureau pour vous dire qu'elle a reçu le matin même un appel d'un des directeurs de l'entreprise (un cas nouveau, imprévisible), qu'en votre absence elle est allée voir untel du contrôle de gestion pour avoir les informations, et qu'elle a ensuite rappelé le secrétariat du directeur pour lui donner l'information, non sans le mettre en garde sur le fait que les données de l'année précédente devaient être examinées avec prudence, car cette année les tendances montrent que... etc...

Il est alors temps pour vous de la féliciter pour son initiative, et de passer en M3, voire en M4 pour la manager quant à cette activité !

Vous venez de parcourir la première partie d'un cycle progressif, qui se situe à l'ouest sur notre carte (dominante M1/M2).

L'ADÉQUATION STYLE/AUTONOMIE
CYCLE PROGRESSIF

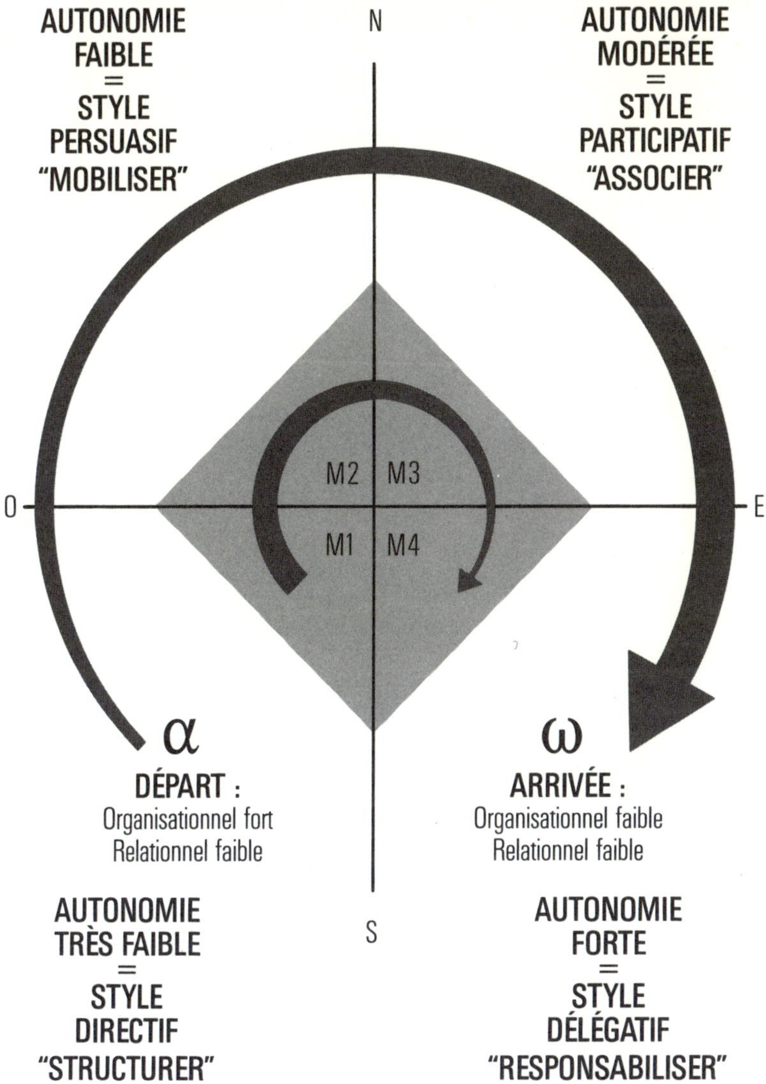

SCHÉMA 14

LA PREMIÈRE PARTIE DU CYCLE PROGRESSIF

Dans cette partie (schéma 15), vos styles vous conduisent à être leader, pédagogue, initiateur, etc. Vous avez le rôle moteur et c'est à vous d'entraîner, de former et d'informer votre collaborateur ou le groupe dont vous avez la charge. Vos comportements doivent être très organisationnels au début, car c'est ce dont une personne ou un groupe faiblement autonome a besoin (attention : ceci concerne, bien sûr, une activité, une mission, un objectif), puis progressivement vous deviendrez plus relationnel, plus convivial et vous monterez vers le nord de la carte.

La conduite réussie de cette partie du cycle suppose de manier avec tact le stimulant positif, qui fait si cruellement défaut aux collaborateurs des managers français[1] et de savoir encourager les réussites. Elle suppose aussi de savoir doser les activités et les missions pour éviter de placer les personnes en situation d'échec (les Américains (Blanchard, 1982) parlent de « mettre les gens en situation de réussite », de les « prendre en flagrant délit de bien faire », etc.).

En fait, un manager situationnel efficace se comporte ici comme un entraîneur sportif en plaçant la « barre » au bon niveau : trop haut, et l'on démobilise, trop bas, et l'on ridiculise. Mais le « bon niveau » est toujours temporaire : il faut aussi savoir monter la barre au bon moment...

Dans cette partie, les interventions du manager gagnent à être nombreuses et brèves. Il est plus efficace d'intervenir dix fois cinq minutes qu'une heure entière. C'est pourquoi Blanchard (1982) a développé l'idée de « management minute », qui est situationnelle et n'exclut, bien sûr, pas les longs entretiens ou les conversations amicales avec ses collaborateurs.

---

1. C'est eux qui le disent dans nombre d'enquêtes : « nos managers ne nous reconnaissent pas », « ils ne savent pas récompenser le travail bien fait », « ici, on dirait que c'est normal de se défoncer », etc.

L'ADÉQUATION STYLE/AUTONOMIE
CYCLE PROGRESSIF

PARTIE
OUEST
PHASE 1

Le manager structure les activités, forme, informe et développe son collaborateur. Le collaborateur suit le manager.

PARTIE
EST
PHASE 2

Le collaborateur développe son autonomie. Le manager suit en adaptant son style.

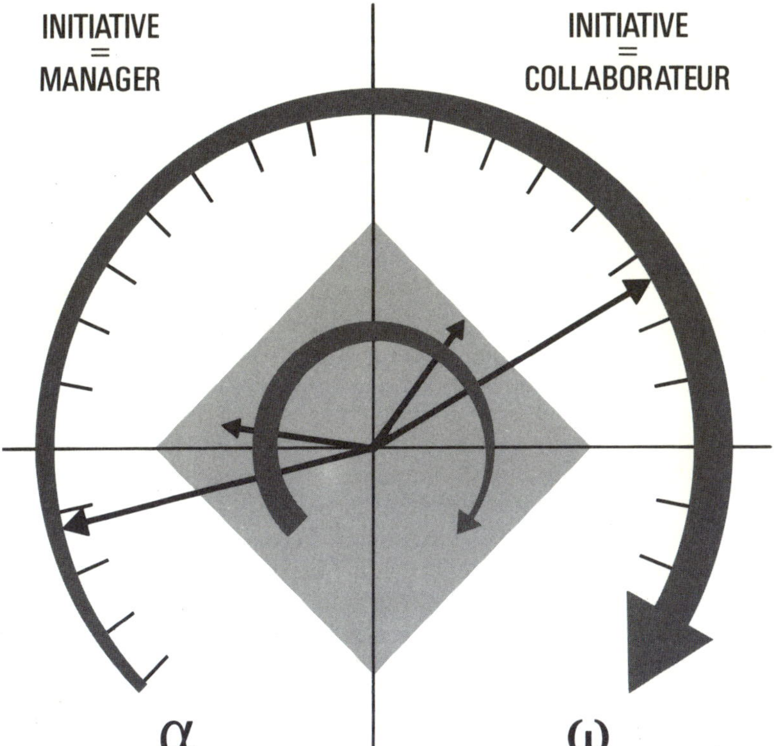

SCHÉMA 15

INSEP©

LA DEUXIÈME PARTIE

Notre anecdote s'arrête lorsque le collaborateur manifeste de lui-même une initiative importante (passage de l'autonomie faible à l'autonomie modérée ou forte). Ce moment constitue une transition nette et parfois brutale, qui peut d'ailleurs s'accompagner de modifications comportementales : aisance dans la parole et le geste, comportements plus variés, réflexion à plus long terme sur l'activité, intérêt plus profond pour son travail, etc.

Dans cette deuxième partie, c'est au collaborateur de manifester son autonomie. Il le fera parfois à l'occasion d'un événement (c'est notre exemple), parfois sans cause extérieure apparente. Le manager doit immédiatement y répondre et changer son comportement pour initialiser un partenariat M3 qui prenne en compte les idées, opinions et suggestions de la personne. Il faudra parfois les canaliser pour s'assurer qu'elles vont dans le sens de l'entreprise, du service, et des projets du manager (M3 négociateur), et parfois les accepter et profiter de l'apport qu'elles représentent (M3 à dominante d'écoute et de partage des décisions).

Progressivement, le manager devra ensuite diminuer le relationnel pour parcourir la partie descendante de la courbe, vers le M4. Les comportements organisationnels devront s'estomper puis disparaître au fur et à mesure que la confiance mutuelle s'installera. Ses interventions se feront plus rares et il s'effacera progressivement pour investir son énergie et son expérience sur d'autres activités.

Lorsque l'on se trouve en M4 au point ω, le collaborateur est capable d'exercer l'activité par lui-même et d'informer le manager de ce qui pourrait le concerner.

Il peut transmettre son savoir-faire à quelqu'un d'autre.

SYNTHÈSE SUR LE CYCLE PROGRESSIF

Le cycle progressif est donc formé de deux parties au cours desquelles le manager est successivement moteur puis accompagnateur de l'évolution de la personne ou du groupe dont il a la responsabilité.

Il est, bien sûr, très court (M3/M4) avec une personne qui démarre une activité nouvelle avec une bonne expérience antérieure et un fort potentiel (autonomie modérée à forte), ou avec un groupe qui est déjà bien avancé en autonomie. Les styles dominants sont alors le M3 et le M4, avec différents degrés.

Pour la secrétaire débutante dont nous avons présenté le cas, ce type de cycle court a été conduit pour la rédaction du courrier. Un passage bref en M1/M2 a permis de donner les informations nécessaires, la formation de base a fait le reste.

Le cycle sera plus long et plus complet avec une personne ou un groupe qui initialise une activité avec une compétence faible (connaît peu le travail) et une motivation moyenne (envie de bien faire, mais manque de confiance en soi). Les styles dominants seront alors le M1 et le M2, avec de fortes composantes pédagogiques. Le manager devra donner des indications et les faire appliquer, se donner lui-même en exemple, corriger les erreurs, etc.

Ce cycle permet donc de contourner les écueils que nous signalions précédemment :

- Parce que le basculement entre la phase 1 et la phase 2 est une période au cours de laquelle le manager

LES TROIS ÉCUEILS

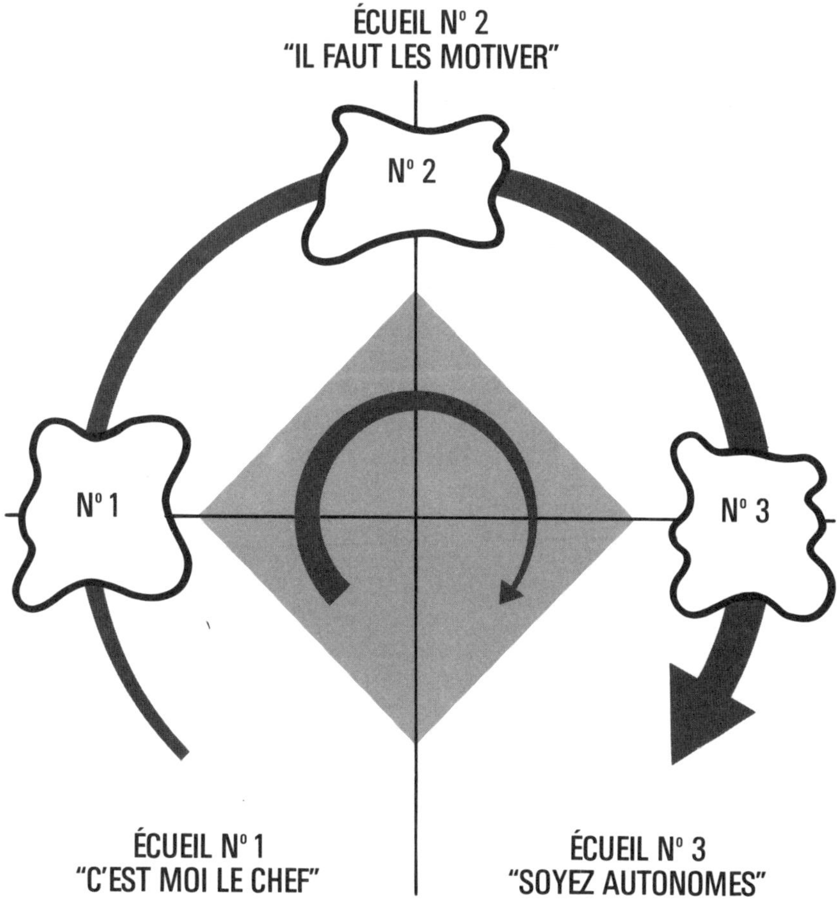

SCHÉMA 16

attend qu'un phénomène spontané se produise, aucune volonté extérieure ne permettant de forcer cette manifestation. En cela, il évite l'injonction « il faut les motiver » et utilise la « stratégie de l'attente active temporaire ».

- Parce que les comportements par lesquels le manager sollicite l'apparition de l'autonomie lorsque celle-ci est faible ne sont pas des demandes explicites, mais des comportements organisationnels qui aident effectivement la personne à progresser. En cela, le manager évite le paradoxe « soyez spontanés ».

Mais il nous faut aussi ajouter un troisième écueil, qui provient des managers qui auraient une tendance à conserver pour eux les responsabilités et à se maintenir fermement dans les cases M1 et M2 malgré les manifestations d'autonomie de leurs collaborateurs. Le facteur limitant, dans ces situations, est alors le manager qui refuse de voir et d'entendre que l'autonomie de ses collaborateurs progresse.

Nous avons caractérisé cet écueil par l'adjonction : « c'est moi le chef ! », et nous l'avons représenté avec les deux autres sur le schéma 16.

3.2 LE CYCLE RÉGRESSIF

Supposons que vous soyez le manager de M..., 37 ans, ingénieur technico-commercial. M... dirige depuis deux ans un département à l'étranger dans sa spécialité. Ses résultats étaient excellents jusqu'à ces dernières semaines, au cours desquelles vous constatez une baisse des performances du département, tandis qu'un ensemble de rumeurs vous arrivent par différents canaux.

Vous allez sur place et vous commencez à parler avec M... Il vous donne une quantité considérable d'explications rationnelles sur les causes de la baisse des ventes. Mais au-delà des mots, vous percevez qu'il n'a plus la même énergie, le même « tonus » : « quelque chose semble cassé ». Vous vous en ouvrez à lui au cours d'une discussion franche, et il vous parle de ses difficultés relationnelles avec certains collaborateurs locaux. Il vous demande à être changé de secteur.

Vous lui déclarez fermement qu'il n'est pas question, d'ici la fin de l'année, d'envisager un changement important dans l'équipe technico-commerciale, mais vous lui demandez des précisions sur les raisons de ses difficultés. Après une bonne heure de dialogue, vous mettez au point ensemble un plan d'action pour quelques semaines, incluant des modifications de l'équipe, un détachement de personnel de Paris, et de nouvelles mesures de gestion du personnel local. Vous convenez de vous rencontrer dans trois mois pour faire le point.

Vous venez là de réaliser un cycle régressif : un collaborateur managé en M4 (responsabilité quasi totale, avec contrôle sur les résultats via les tableaux de bord de gestion et les réseaux informels) rencontre un problème momentané. Vous changez votre style et repassez en M3 pour étudier avec lui la situation. Vous n'avez encore rien décidé, et votre confiance reste intacte envers M... Vous lui manifestez d'ailleurs celle-ci par votre déplacement.

Lorsque le problème est posé, vous vous situez à la frontière (nord) entre le M2 et le M3. Vous refusez nettement, en l'expliquant (M2) de le changer de secteur. Mais vous conservez (en M3) les canaux ouverts pour l'aider à résoudre le problème rencontré dans la limite de ce qui est acceptable. Une solution est trouvée, un nouveau contrat passé (M3). Vous revenez alors à la limite M3/M4 en prévoyant une échéance de rencontre ultérieure. Votre style va rester à cette frontière pendant quelque temps, et si tout va bien, vous repasserez ensuite en M4. Mais si les choses ne s'arrangent pas, il vous faudra probablement envisager d'autres solutions, plus ou moins agréables pour vous comme pour

M... Vous pourrez les étudier avec lui (M3), ou les lui annoncer moyennant explications (M2). Peut-être combinerez-vous à nouveau les deux styles...

Bien entendu, cela n'est possible que parce que M..., en situation d'autonomie modérée, a pu mettre au point un plan de redressement avec vous. Le relationnel intense (M3) était ici particulièrement approprié, et probablement avez-vous eu les mots qui convenaient. Mais M... aurait pu n'avoir aucune idée sur les issues possibles, ou se bloquer dans une position de refus. Vous auriez alors été conduit à régresser encore plus loin que le M3, vers les secteurs ouest M2, voire même M1 et à lui proposer ou même lui imposer une solution. Mais c'est alors l'autonomie faible de votre collaboration qui aurait entraîné votre régression, non votre propre volonté.

Une régression plus rapide vers le M1/M2 aurait pu consister à imposer un plan de redressement à M..., à lui envoyer un audit, voire à le changer de secteur arbitrairement. Mais ces solutions auraient contourné la chance que vous avez offerte à M... de trouver (en M3) une solution honorable à ses difficultés présentes.

Cela signifie que, dans une régression, tous les secteurs comptent : vous ne devez les parcourir en arrière qu'un par un, au fur et à mesure que recule l'autonomie de votre collaborateur.

LES CARACTÉRISTIQUES DU CYCLE RÉGRESSIF

Le cycle régressif se caractérise donc par un changement d'attitude du manager qui parcourt le cercle des styles dans le sens inverse des aiguilles d'une montre parce qu'un symptôme, un signal lui montrent que son collaborateur ou le groupe dont il a la responsabilité régressent en autonomie. Cette régression est plus ou moins importante selon la chute d'autonomie du collaborateur ou du groupe et la rapidité d'intervention.

Ce changement gagne donc à s'effectuer le plus vite possible pour que l'intervention n'exige pas de retour à un style trop organisationnel (les régressions brutales, parfois nécessaires, sont souvent vécues douloureusement).

Il gagne aussi à s'effectuer en s'assurant que l'on ne régresse pas plus vite que le collaborateur ou le groupe, en laissant au collaborateur la possiblité de manifester une autonomie plus élevée (stratégie de l'attente, appliquée au cycle régressif).

Pour cela, un manager situationnel doit se placer aux frontières entre les styles et vérifier par des tests[1] l'autonomie de la personne avant de régresser lui-même.

Supposons, en effet, qu'un de vos collaborateurs ait commis une erreur dans ses rapports avec un client. Vous échangez avec lui (M4 → M3) et au bout d'un certain temps, vous vous placez au point nord de la carte qui est le point d'instabilité maximal (on peut passer à gauche ou à droite selon les cas). Vous lui demandez d'une façon ou d'une autre ce qu'il compte faire :

- Il reconnaît les faits, propose un plan de redressement, vous indique ce qu'il a déjà fait pour rectifier la situation (autonomie modérée à forte : A3 ou A4). Vous basculez à droite, et vous l'associez pour passer un nouveau contrat M3.

---

1 Nous donnerons d'autres éléments pour la conduite de ce type de test dans le chapitre suivant (comment évaluer l'autonomie), dans le volume suivant (consacré aux situations de conduite des entretiens professionnels) et dans le volume sur l'orchestration de la motivation.

- Il s'acharne à justifier son action, plaide sa cause, évoque raison sur raison, etc. Vous lui posez des questions précises, il répond de façon évasive (autonomie faible : A1 ou A2). Au bout de quelque temps (proportionnel à votre patience), vous basculez à gauche, en M2, et vous lui expliquez ce qu'il faudra faire pour limiter les conséquences de cette erreur et éviter qu'elle ne se reproduise dans l'avenir.

HERSEY et BLANCHARD : LE MANAGER ÉDUCATEUR

Ce livre doit beaucoup à l'apport de Hersey et Blanchard au management situationnel. Ces deux Américains ont, en effet, introduit la notion de « manager éducateur » et transformé le style peu organisationnel et peu relationnel (M4) en style délégatif, alors que leurs prédécesseurs l'interprétaient comme bureaucratique, démissionnaire, voire inexistant.

Ils ont aussi introduit dans leur premier ouvrage (Hersey & Blanchard, 1969) les notions d'adaptation du style à l'autonomie des collaborateurs et les cycles de développement pour conduire vers les niveaux élevés de responsabilité.

Leur définition de l'autonomie est très éducative, les termes américains utilisés au fil des différentes publications étant : « maturity » (Hersey & Blanchard, 1969), puis « readiness » (Hersey, 1984). Il s'agit bien de développer les personnes, et le rôle du manager est celui d'un éducateur. Un tel apport est très compréhensible lorsque l'on sait que Hersey et Blanchard ont aussi écrit sur l'éducation des enfants, et que leur travail se situe à la frontière entre les deux domaines. Dans leur « Guide pratique du formateur », Didier Noyé et Jacques Piveteau (1985) montrent d'ailleurs comment ce modèle peut être appliqué à la formation des adultes.

Aux Etats-Unis, Hersey et Blanchard ont fondé le Center for Leadership Studies qui a diffusé leur méthode auprès de plus d'un million de managers dans les plus grandes entreprises (Hersey, 1984). Leur premier ouvrage (Hersey & Blanchard, 1969) est un véritable traité de management qui reprend l'ensemble des approches antérieures et les re-situe par rapport aux cycles de développement. Il semble qu'ensuite les deux hommes se soient séparés, Blanchard s'étant intéressé au « manager minute (Blanchard, 1982), et à son lien avec les cycles de développement, tandis qu'Hersey (Hersey, 1984) restait dans la ligne initiale du management « éducatif ».

DEUXIÈME DÉPOUILLEMENT DU QUESTIONNAIRE

ADAPTATION DU STYLE À L'AUTONOMIE DES INDIVIDUS ET DES GROUPES

Utilisez maintenant le tableau 17 pour faire ce deuxième dépouillement et évaluer votre score. Déterminez vos points de divergence par rapport aux réponses adaptées à l'autonomie des groupes et des individus, et analysez-les en utilisant les explications fournies pour chacun des cas.

- *S'agit-il d'une question d'interprétation des questions et des réponses ?*
- *Si ce n'est pas le cas, observez-vous une tendance systématique ? Par exemple, êtes-vous toujours « au-dessus » ou « en-dessous » des styles proposés ? Etes-vous toujours « au-dessus » pour les cas concernant les individus ou l'inverse ? Pour les groupes ?*
- *Les décalages les plus importants apparaissent dans quel type de situation ? Pourquoi ?*
- *Quel rapport faites-vous entre ces décalages et votre style dominant ? Celui-ci est-il toujours utilisé avec de bons résultats ?*

DEUXIÈME DÉPOUILLEMENT DU QUESTIONNAIRE

RÉSULTAT / *SITUATION*	*EFFICACE +4*	*EFFICACE +2*	*INEFFICACE −2*	*INEFFICACE −2*
Cas n° 1	D	B	A	C
Cas n° 2	C	A	D	B
Cas n° 3	C	B	D	A
Cas n° 4	D	C	A	B
Cas n° 5	C	B	A	D
Cas n° 6	B	D	C	A
Cas n° 7	C	A	B	D
Cas n° 8	A	D	C	B
TOTAL 1				
COEFFICIENT MULTIPLICATEUR	4	2	–2	–2
TOTAL 2				

TOTAL GÉNÉRAL : ....

TABLEAU 17

POUR UTILISER CETTE GRILLE

- Entourez dans chaque ligne la réponse que vous avez choisie pour chaque cas.

- Additionnez, colonne par colonne, le nombre de réponses entourées et indiquez-le sur la ligne **TOTAL 1**.

- Multipliez ce nombre par le coefficient qui figure sur la ligne **COEFFICIENT MULTIPLICATEUR** et faites la somme des quatre nombres (**TOTAL GÉNÉRAL**).

1. QUELQUES INDICATIONS SUR L'AUTONOMIE DES GROUPES

Cette question sera traitée dans un volume à part, mais pour permettre un dépouillement clair des situations de management de groupes présentées dans ce questionnaire, nous souhaitons donner trois indications :

1. L'autonomie d'un groupe se définit, dans le cadre d'une mission ou d'un objectif attribué à ce groupe, comme la somme de la compétence et de la motivation de celui-ci.
2. La compétence et la motivation sont définies par rapport à la capacité et à la volonté de travailler en commun dans le sens de la mission.
3. L'autonomie du groupe n'est pas la somme de celle des individus qui le composent. Un ensemble d'experts puissamment motivés (A4) peuvent échouer dans une mission collective, faute d'avoir une volonté suffisante de travailler en commun.

2. ANALYSE DES RÉPONSES AU QUESTIONNAIRE

CAS N° 1

On aura reconnu dans ce cas une situation proche de celle qui nous a servi à exposer le cycle progressif. Il s'agit d'une personne débutante, avec une compétence faible et une motivation faible.

Les styles efficaces sont à l'évidence le M1 (réponse D) qui permet une bonne définition des priorités et des missions, et le M2 (réponse B) qui permet de situer le poste par rapport à l'environnement. Il semble que le manager n'ait pas expliqué assez précisément ce qui était à faire, ou qu'il soit allé trop vite vers des styles élevés. Il faut donc faire machine arrière, et dans l'immédiat, le M1 est probablement le plus efficace, suivi d'un passage en M2 dès que possible. Le M3 (réponse A) et le M4 (réponse C) sont nettement prématurés et risquent de démotiver une collaboratrice qui attend avant tout des explications et une formation modélisante.

CAS N° 2

Il s'agit ici d'annoncer une décision difficile face à un groupe qui aura probablement des réactions vives. Les membres de ce groupe sont eux-mêmes managers.

Deux solutions inefficaces : M1 (réponse B) et M4 (réponse D). Dans le premier cas, le manager ne laisse aucun espace de liberté et d'initiative à son groupe, dans le deuxième, il individualise la question et demande à chacun « d'être autonome ».

Deux solutions efficaces : M2 (réponse C) qui est ici un M2 explicatif et persuasif pour exposer des mesures qui de toutes façons sont déjà décidées et consultatif quant à la manière de réaliser ce qui est demandé. La solution M3 (réponse A) est elle aussi efficace, bien que plus risquée compte tenu du mauvais accueil qui peut être fait aux mesures annoncées.

CAS N° 3

Le cas n°3 est celui d'une équipe dont les membres sont personnellement engagés dans le travail, et qui accueille favorablement une nouvelle organisation (stade de l'association M3). La seule réserve porte ici sur les connaissances techniques dans le domaine pour que le groupe ait la compétence à gérer complètement le projet par lui-même. Les styles M3 (réponse C) ou M4 (réponse B) sont ici efficaces, avec une préférence pour le M3 au moment de la définition du système (qui a besoin de correspondre aux besoins du manager) et le M4 pour la mise en œuvre (qu'il vaut mieux déléguer au groupe). Les styles M1 (réponse A) et M2 (réponse D) réduiraient l'autonomie du groupe.

CAS N° 4

Le collaborateur présenté dans ce cas est compétent et motivé. Ses rapports avec l'environnement de travail sont bons, et une opportunité se présente de lui confier une mission importante. C'est donc le style M4 (réponse D) qui est approprié. Les craintes sont ici chez le manager, qui ne sait pas comment cette personne va s'y prendre pour mener le projet à bien. Le style M3 (réponse C) aurait pour vertu de permettre au manager de diminuer ses craintes en examinant la manière dont procède le collaborateur. Il est efficace, à condition de passer ensuite dans le M4. Les réponses B (M1) et A (M2) sont des régressions par rapport à l'autonomie de la personne (écueil n° 1 : « c'est moi le chef »).

CAS N° 5

Dans ce cas, vous avez la responsabilité non hiérarchique d'un groupe de travail qui doit proposer des solutions de développement (ce qui exige une autonomie supérieure à la moyenne : A3 ou A4). Le groupe ne semble ni compétent pour mener à bien cette tâche, ni particulièrement motivé : son autonomie est très faible.

Les meilleures attitudes sont dans l'immédiat organisationnelles (M1, réponce C, ou M2, réponse B), car ce groupe a besoin de directives et de présence personnelle de la part de son leader. Rappeler les objectifs, redéfinir les méthodes, engager le groupe à travailler sont ici caractéristiques d'un cycle régressif qui gagne à être mené au plus bas (M1) puis à remonter aussi vite que possible vers les M2/M3. Des comportements trop relationnels (M3, réponse A) ou trop délégatifs (M4, réponse D) conduiraient à un éclatement en fractions opposées, et probablement à une dévalorisation du leader pour manque de fermeté.

CAS N° 6

Il s'agit là d'un cycle progressif pour un collaborateur qui est compétent, mais manque de confiance en lui (motivation moyenne). La nuance par rapport au cas n° 1 est que vous avez détecté un certain potentiel, qui incline à préconiser un style plus relationnel (M2, réponse B) pour mieux amorcer un passage vers l'association M3. La réponse D (M3) est efficace, mais peut être un peu prématurée (un entretien permettrait de le savoir très vite). Quant aux réponses C (M1) et A (M4), elles sont démotivantes car limitantes pour l'autonomie (M1) ou trop prématurées (M4).

CAS N° 7

Ce cas est développé dans le chapitre sur les cycles régressifs. L'attitude la plus efficace est le M3 (réponse C) et éventuellement, à court terme, le M4 (réponse A). Les attitudes M1 (réponse D) et M2 (réponse B) sont trop régressives dans l'immédiat.

CAS N° 8

Le manager est ici responsable d'un groupe qui a acquis une compétence et une motivation sérieuses. La réputation est bonne. Ce groupe rencontre un problème ponctuel. L'incertitude est à nouveau chez le manager : faut-il ou non intervenir ? Les attitudes M1 (réponse B) et M2 (réponse C) sont à l'évidence trop régressives.

Restent deux possibilités : une intervention M3 (réponse D) ou une attente en M4 (réponse A). Cette dernière solution est probablement la meilleure à court terme. Si le groupe ne réussit pas à surmonter la crise, l'intervention en M3 sera, bien sûr, nécessaire. Ces deux attitudes sont donc efficaces.

CHAPITRE 5

COMMENT ÉVALUER L'AUTONOMIE DE VOS COLLABORATEURS ?

Dans une situation donnée, l'autonomie d'une personne est composée de trois termes :

- *Un objectif, une mission, un projet, une activité... qui constitue le cadre de la situation.*
- *La compétence, qui indique le niveau d'expertise de la personne sur la situation : ses savoirs, ses savoir-faire, ses savoir-être.*
- *La motivation, qui indique le niveau d'énergie que la personne est prête à investir dans la situation.*

À partir d'un dialogue mettant en rapport un manager et son collaborateur, nous donnons une méthode d'évaluation des quatre niveaux d'autonomie, qui combinent compétence et motivation :

A1 : NE SAIT PAS
NE VEUT PAS

A2 : NE SAIT PAS BIEN
VEUT BIEN

A3 : SAIT
VEUT,
MAIS POSE DES CONDITIONS

A4 : SAIT
VEUT

1. DIALOGUE

Nous allons ouvrir ce chapitre sur un dialogue que nous analyserons ensuite en mettant en évidence le rapport entre le style du manager et l'autonomie du collaborateur. Nous invitons le lecteur à faire cette analyse par lui-même puis à la comparer à la nôtre.

Paul est ingénieur d'affaires et responsable d'un projet industriel. Son objectif est de concevoir et de réaliser un matériel électronique et informatique dans le cadre de contraintes de coûts et de délais. Il travaille avec une équipe temporaire de cinq personnes, dont Jean, qui est responsable de l'avancement des travaux en usine (montage des matériels). Jean (43 ans) est un technicien très qualifié, mais manque de diplomatie dans ses contacts avec son entourage. Deux mois avant la fin du projet, il demande un entretien avec Paul et entre dans son bureau, assez agité :

Le collaborateur Ouf... C'est infernal.

Le manager ?!...

Le collaborateur On ne peut rien obtenir d'eux.

Le manager De qui ?

Le collaborateur Des fabrications. C'est chaque fois la même chose. Je me pointe en usine, ils me reçoivent bien, plutôt sympathiques, mais je ne peux rien savoir de précis sur leurs délais. Et quant à voir où ils en sont dans le montage...

Le manager C'est trop compliqué.

Le collaborateur Eh oui, et on n'a pas les plans de

câblage, puisqu'ils les ont faits eux-mêmes à partir du dossier des plans de l'affaire.

Le manager Les plans de câblage détaillés te permettraient de savoir où ils en sont ?

Le collaborateur Plus ou moins... Mais ce n'est vraiment plus possible de travailler dans ces conditions, moi je passe la main, si quelqu'un d'autre dans l'équipe veut s'occuper des fabrications ...

Le manager T'enlever la responsabilité du suivi des fabrications, c'est une autre affaire. Pour l'instant, c'est toi qui t'en occupes, et c'est avec toi qu'il faut régler ça. Qu'attends-tu de moi pour ça ?

Le collaborateur Non, je n'ai pas voulu me dérober à mes responsabilités, mais franchement, je ne sais pas... c'est difficile de savoir quoi faire dans ces conditions... on n'a pas d'autorité hiérarchique sur eux, et R..., qui dirige la production ne veut pas que les chefs de projet interviennent dans le suivi des fabrications. Je ne vois pas ce que je pourrais faire...

Le manager Tu as eu des contacts à quel échelon, avec eux ?

Le collaborateur Les services de montage, et le bureau d'études.

Le manager La direction de la production ?

Le collaborateur Non.

Le manager Pourrait-on intervenir à ce niveau-là ?

Le collaborateur Je ne sais pas, je ne connais pas le directeur de la production.

Le manager *Marque une pause et reste silencieux.*

Le collaborateur C'est-à-dire... si on allait le trouver ensemble, on pourrait voir ça avec lui, et ça me permettrait de le connaître. Mais c'est à ton niveau qu'il faut traiter la question.

Le manager O.K., que pourrions-nous obtenir de lui ?

Le collaborateur Eh bien, il faudrait que la production nous donne une évaluation, même grossière de son avance dans les travaux pour que nous puissions réviser notre planning d'essais et de tests. Et il ne faudrait pas trop tarder...

Il regarde le manager, qui reste silencieux et impassible.

Ça doit être possible, mais il ne faudrait pas donner à R... l'impression qu'on le court-circuite...

Il réfléchit un moment. Le manager reste silencieux.

Il y aurait peut-être une solution : je vois R ... et je lui annonce moi-même ce qu'on a décidé, pendant que tu organises les choses au niveau de la direction ?

Le manager Très bien, mais si ton entretien avec R... rendait inutile notre entrevue avec son directeur ?

Le collaborateur Je vois R... et je te préviens du résultat avant de lancer l'autre action. D'ailleurs ça me donne une autre idée ... à bientôt.

Le manager OK, à bientôt.

2. ANALYSE DU DIALOGUE

2.1 PREMIÈRE PHASE

Le collaborateur	Ouf... C'est infernal.
Le manager	?!...
Le collaborateur	On ne peut rien obtenir d'eux.
Le manager	De qui ?
Le collaborateur	Des fabrications. C'est chaque fois la même chose. Je me pointe en usine, ils me reçoivent bien, plutôt sympathiques, mais je ne peux rien savoir de précis sur leurs délais. Et quant à voir où ils en sont dans le montage ...

Au départ, le collaborateur prend l'initiative de la rencontre. Le manager se situe donc quelque part au Nord-Est, avec un comportement très relationnel, en majorité M3. Il écoute et cherche à comprendre.

Jean arrive très agité, éructant des imprécations, puis expose progressivement des faits. Il est en colère et dépité, il n'y voit pas clair. Il évoque un problème sans limite de temps : « c'est chaque fois la même chose », et rejette la responsabilité sur « les autres ». Sa compétence est faible : comment faire ? que faire ? et sa motivation tout autant : on n'y peut rien, c'est insoluble...

Nous avons ici une illustration du comportement A1 : autonomie très faible, qui est détaillé sur la fiche technique « A1 », page 142.

Ce comportement pourrait être acceptable chez un collaborateur débutant qui manque de confiance en lui, de connaissances et d'expériences. Le manager aurait alors à rester très relationnel, mais à passer plus ou

A1 TRÈS FAIBLE AUTONOMIE

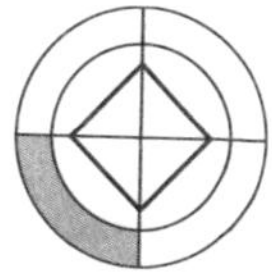

COMPÉTENCE

NE SAIT PAS BIEN

La compétence est faible ou très faible.

Le collaborateur ne peut pas accomplir une activité, atteindre un objectif, résoudre un problème... parce qu'il n'a pas les connaissances, les savoir-faire ou les savoir-être nécessaires.

Il attend que les informations, les idées, les connaissances... lui viennent de l'extérieur, et notamment du manager.

Il ne sait pas utiliser ses connaissances de base ou ses expériences antérieures pour accomplir l'activité.

Il faut qu'on lui dise ce qui est à faire et au besoin qu'on lui montre comment le faire.

MOTIVATION

NE VEUT PAS BIEN

La motivation est faible ou très faible.

Le collaborateur ne veut pas assumer la responsabilité, n'a pas envie de faire parce que :

- Il ne se sent pas prêt.
- Il pense que c'est à d'autres de faire et non à lui.
- Il pense que c'est inutile, sans intérêt ou sans espoir : « on n'y peut rien », « c'est la faute des autres ».

Le collaborateur peut aussi refuser l'activité, la mission, l'objectif parce que trop difficile, trop risqué, non conforme aux habitudes et traditions...

Il peut rester vague, flou, réticent :
« il faudrait faire ça... »
« il faudrait envisager, essayer... »

Il peut enfin accepter, mais ne rien faire.

moins rapidement en M2 ou M1 pour donner des informations, des idées, et servir de référence et de modèle.

Mais Jean n'est pas un débutant, et Paul n'accepte pas de jouer ce rôle. Il va donc se maintenir en M3 pour faire appel à l'autonomie de son collaborateur. Il manifeste ainsi de manière indirecte sa confiance dans les capacités de celui-ci à faire face à la situation. La suite du dialogue montrera que cette confiance était bien placée. Si tel n'avait pas été le cas, d'autres attitudes auraient été nécessaires.

2.2 DEUXIÈME PHASE

Le manager	C'est trop compliqué.
Le collaborateur	Eh oui, et on n'a pas les plans de câblage, puisqu'ils les ont faits eux-mêmes à partir du dossier des plans de l'affaire.
Le manager	Les plans de câblage détaillés te permettraient de savoir où ils en sont ?
Le collaborateur	Plus ou moins ... Mais ce n'est vraiment plus possible de travailler dans ces conditions, moi je passe la main, si quelqu'un d'autre dans l'équipe veut s'occuper des fabrications, ...
Le manager	T'enlever la responsabilité du suivi des fabrications, c'est une autre affaire. Pour l'instant, c'est toi qui t'en occupes, et c'est avec toi qu'il faut régler ça. Qu'attends-tu de moi pour ça ?
Le collaborateur	Non, je n'ai pas voulu me dérober à mes responsabilités, mais franchement, je ne sais pas... c'est difficile de savoir quoi faire dans ces conditions, ... on n'a pas d'autorité hiérarchique sur eux, et R..., qui dirige la production ne veut pas que les chefs de projet interviennent dans le suivi des fabrications. Je ne vois pas ce que je pourrais faire...

A2 FAIBLE AUTONOMIE

COMPÉTENCE

NE SAIT PAS BIEN

La compétence est faible.

Le collaborateur attend des idées, des explications, des informations... de la part du manager.

Il pose des questions, s'intéresse aux aspects pratiques des choses : Comment faire ? ou aux raisons : Pourquoi faire ?

Il sait utiliser des connaissances de base, des expériences antérieures s'il y a lieu de le faire.

MOTIVATION

VEUT BIEN

La motivation est moyenne.

Le collaborateur fait preuve d'une « bonne volonté » globale par rapport à l'entreprise, au manager, aux collègues.

Il est ouvert et s'intéresse aux activités et aux projets, mais sans être actif et « moteur ».

L'acceptation de la responsabilité est conditionnelle : le collaborateur accepterait cette responsabilité si :

- le manager était plus présent,
- les solutions étaient plus simples,
- sa compétence était plus élevée,
- on mettait plus de moyens à sa disposition,
- on supprimait d'autres activités dont il a déjà la responsabilité,
- etc...

Le collaborateur a besoin d'aide, de stimulants, d'encouragements, de reconnaissance du travail bien fait.

Par ses premières questions, Paul se met en phase avec son collaborateur. Il reconnaît les difficultés, et l'amène progressivement à préciser ce qu'il souhaite. On comprend alors qu'il ne s'agit pas des plans de câblage. Ces questions amènent Jean à parler de ce qui le concerne véritablement : il en a assez d'être traité sans considération par ses partenaires de l'usine, et voudrait pouvoir faire correctement le travail qui lui a été confié.

Sa demande de déplacement immédiat est inacceptable pour le manager, qui la traite en M2, puis repasse en M3 : « qu'est-ce que tu attends de moi ? »

Jean change alors d'attitude, et restant en compétence faible « je ne sais pas comment faire », manifeste sa volonté de bien faire. Il veut bien, mais ne sait pas comment faire. Ceci est caractéristique du comportement A2 : autonomie faible, qui est détaillé sur la fiche technique « A2 », page 144. On notera que ce changement dans l'autonomie de Jean a été provoqué par la réaction M2 (puis M3) du manager.

2.3 TROISIÈME PHASE

Le manager	Tu as eu des contacts à quel échelon, avec eux ?
Le collaborateur	Les services de montage, et le bureau d'études.
Le manager	La direction de la production ?
Le collaborateur	Non.
Le manager	Pourrait-on intervenir à ce niveau-là ?
Le collaborateur	Je ne sais pas, je ne connais pas le directeur de la production.
Le manager	*Marque une pause et reste silencieux.*

A3 AUTONOMIE MODÉRÉE

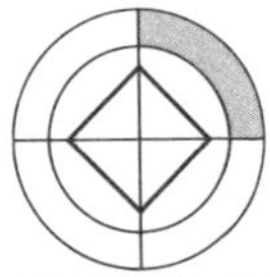

COMPÉTENCE	MOTIVATION
SAIT FAIRE	*VEUT, POSE DES CONDITIONS*

COMPÉTENCE

SAIT FAIRE

La compétence est moyenne à forte : le collaborateur possède les savoirs, les savoir-faire et les savoir-être pour accomplir l'activité.

Quand il ne les a pas, il sait où se les procurer (les collègues, le réseau...).

Cette compétence est souvent plus importante que celle du manager.

Le collaborateur a des idées, des projets, des suggestions, des propositions. Il est très centré sur ses conceptions quant à la mise en âuvre de ses idées.

Il ne tient pas toujours compte des incidences de ses idées sur l'environnement par manque de vision de synthèse, d'expérience, de connaissances...

Il est très centré sur la réussite dans l'activité qui lui est confiée.

Il peut améliorer les méthodes, dépasser les standards établis, ouvrir des voies nouvelles.

MOTIVATION

VEUT, POSE DES CONDITIONS

La motivation peut être MOYENNE ou FORTE.

SI LA MOTIVATION EST MOYENNE

Le collaborateur manque de confiance en lui et ne veut pas assumer seul la responsabilité.

Il souhaite un appui de la part du manager et il pose des conditions sous la forme d'une demande d'aide, de soutien de support.

La motivation reste conditionnelle.

SI LA MOTIVATION EST FORTE

Le collaborateur a une grande confiance en lui et une idée (parfois surévaluée) très positive de ses capacités.

Il fait de l'activité une « affaire personnelle ». Il est actif, entreprenant.

Il a ses idées sur la manière de faire et il pose des conditions sous la forme d'une demande de moyens, de liberté et d'indépendance.

La motivation est inconditionnelle.

Le collaborateur C'est-à-dire ... si on allait le trouver ensemble, on pourrait voir ça avec lui, et ça me permettrait de le connaître. Mais c'est à ton niveau qu'il faut traiter la question.

Ayant constaté la remontée de Jean en A2, Paul intervient maintenant à la frontière Nord M2/M3, en posant une question précise qui contient une amorce de solution. Une connaissance approfondie du contexte nous indiquerait s'il s'agit d'une question rhétorique (le manager connaît la réponse, il se situe donc en M2) ou d'une question réelle (le manager ne connaît pas la réponse, il cherche à aider son collaborateur à trouver par lui-même une solution, il est plus proche du M3). De toutes façons, il s'agit pour Jean d'une invitation à assumer la responsabilité de la résolution du problème.

Cette phase est un des moments-clefs du dialogue, car Paul est très proche du M2. Il commence à « prendre l'affaire en mains » et il sait comment faire pour résoudre le problème posé. Il lui est dorénavant difficile de s'arrêter, de par un processus naturel qui pousse tout être humain à porter ses idées à leur terme. Une suite très logique serait donc de conclure l'entretien par une solution M2 du type : « allons voir le directeur de la production ensemble ». Mais une telle solution, fût-elle excellente, ne fera en rien progresser l'autonomie de Jean. C'est pourquoi Paul se comporte ici en manager situationnel lorsqu'après avoir induit la solution par un passage en M2, il redonne l'initiative à son collaborateur en utilisant la stratégie du silence actif et en attendant (point Nord) que Jean réagisse.

On remarquera qu'une solution M2 aurait pu permettre un pacte dans lequel le manager serait sorti de l'entretien persuadé d'avoir rendu un grand service à un collaborateur en difficulté, tandis que celui-ci avait été déchargé de la responsabilité de trouver une solution à un problème difficile.

S'il s'agit là d'un jeu stratégique entre deux partenaires expérimentés, fort bien. Mais s'il s'agit d'un processus répétitif par lequel le manager ne permet pas le développement de l'autonomie de ses collaborateurs, cette attitude est dommageable pour les deux personnes concernées comme pour l'entreprise.

Jean, qui est en autonomie faible, accepte la solution suggérée, mais amorce une remontée en autonomie modérée (A3) quant à la manière de mettre en œuvre la solution. Le manager va pouvoir exploiter cette ouverture pour le conduire vers des niveaux plus élevés d'autonomie.

2.4 QUATRIÈME PHASE

Le manager	O.K. que pourrions-nous obtenir de lui ?
Le collaborateur	Eh bien, il faudrait que la production nous donne une évaluation, même grossière de son avance dans les travaux pour que nous puissions réviser notre planning d'essais et de tests. Et il ne faudrait pas trop tarder ...
	Il regarde le manager, qui reste silencieux et impassible.
	Ça doit être possible, mais il ne faudrait pas donner à R... l'impression qu'on le court-circuite...
	Il réfléchit un moment. Le manager reste silencieux.
	Il y aurait peut-être une solution : je vois R ... et je lui annonce moi-même ce qu'on a décidé, pendant que tu organises les choses au niveau de la direction ?
Le manager	Très bien, mais si ton entretien avec R... rendait inutile notre entrevue avec son directeur ?
Le collaborateur	Je vois R... et je te préviens du résultat avant de lancer l'autre action. D'ailleurs ça me donne une autre idée ... à bientôt.

Le manager OK, à bientôt.

Dans cette dernière phase, le manager obtient par une question précise que Jean formule un objectif. On est maintenant orienté vers l'action et les solutions au problème rencontré, avec une responsabilité partagée. Une grande partie du travail de montée en autonomie est faite et Paul peut se maintenir à la frontière M3/M4 en attendant que Jean développe lui-même les solutions au problème. Pour cela, il utilise le silence (M4), puis suggère des idées (M3, écoute et conseil).

Jean a très vite des idées (A3), et une solution apparaît, qui n'est pas celle du manager. C'est une des caractéristiques du comportement A3 : autonomie modérée, qui est détaillé sur la fiche technique « A3 », page 146.

L'entretien se termine, en A4/M4. Aucun rendez-vous n'est pris par le manager qui prend le risque de laisser la résolution du problème à l'initiative complète de son collaborateur (un contrat final en M3 aurait contenu un rendez-vous pris sur-le-champ). Le manager reste disponible, mais n'intervient que sur demande. Le collaborateur est alors en A4 : il assume lui-même la responsabilité de l'opération et informera sélectivement son manager de ce qu'il aura fait (voir la fiche technique « A4 », page 150).

3. EN CONCLUSION

Tout au long de ce dialogue, le manager s'adapte en permanence à l'autonomie de son collaborateur et travaille à la faire progresser en gardant fermement la barre sur certains aspects organisationnels (M2), en suggérant des issues à la situation par des questions (M2, parfois M3) et en s'ouvrant à son interlocuteur

A4 FORTE AUTONOMIE

COMPÉTENCE	MOTIVATION
SAIT FAIRE	*VEUT FAIRE*
Le collaborateur possède une expertise réelle, une compétence personnelle. Il se comporte en « professionnel » pour cette activité. Il a les savoirs, les savoir-faire, les savoir-être. Il situe son action dans un contexte d'ensemble, par rapport à ses collègues, à son manager, à l'entreprise. Il prend du recul et peut analyser son action de façon critique. Il sait où se procurer les informations manquantes, trouver les contacts nécessaires, y compris en sollicitant le manager sur des questions précises. Il se fixe lui-même des sous-objectifs à l'intérieur du cadre de travail. Il est capable d'enseigner cette activité à un débutant. Il sait maintenir et faire progresser lui-même sa compétence (lecture, colloques, formation, contacts divers...).	Le collaborateur possède une solide motivation. Il est actif, dynamique, intéressé. Il a une bonne image de lui-même et ne doute pas de ses capacités à réussir dans l'activité. Il sait s'auto-récompenser. Il communique sa motivation et son intérêt pour l'activité aux autres. Il n'investit dans l'activité que l'énergie vraiment nécessaire à une bonne réalisation, sans plus. Il a d'autres centres d'intérêt. **INSEP©**

(M3) pour l'aider à parvenir à une solution au problème qu'il rencontre[1]. L'autonomie progresse alors au mieux de ce que le collaborateur est prêt à investir. Dans le cas présent, le manager décrit rapidement un cycle progressif complet. Dans d'autres cas, toutes les positions intermédiaires seraient possibles, comme nous l'avons montré au cours de l'analyse du dialogue.

Les fiches donnent les caractéristiques des quatre niveaux d'autonomie. On notera que le A3 se caractérise par l'apparition d'initiatives et de propositions (on sait faire ou on sait quoi faire). La compétence est donc acquise, mais deux possibilités existent pour la motivation : moyenne ou forte.

Si la motivation est moyenne, le collaborateur a des idées mais manque de confiance en lui. Il faut beaucoup de M3 et un soupçon de M2 pour rassurer, affirmer sa confiance, résoudre les points qui semblent obscurs, préciser les termes du contrat. C'est alors un M3 très proche de l'idéal des relations humaines : écoute, conseil, communication intense.

Si la motivation est forte, la personne est compétente et a une idée très personnelle de la manière de conduire les choses : il faut alors beaucoup de M3 et parfois une pointe de M2 pour négocier les propositions, idées et suggestions en tenant compte de l'intérêt collectif, des interfaces avec les différents partenaires et des contraintes collectives, mais sans limiter l'autonomie qui se manifeste dans la personne. C'est alors un M3 très proche d'une négociation commerciale, le M3 « contractuel ».

---

1 La stratégie aurait été toute autre si le manager avait eu à poser un problème qui le concerne, comme nous le montrerons dans le volume de cette série consacré à la conduite des entretiens professionnels.

INTERMÈDE
SOUS FORME DE DIALOGUE

L'auteur continue à répondre ici aux questions d'un manager souriant et intéressé.

Comment peut-on utiliser cette méthode dans une entreprise ?

Le responsable Très intéressante, votre méthode. Cela met en forme des intuitions que j'ai eues souvent sur le terrain. D'ailleurs, cela m'a fait penser à un de mes anciens patrons, et quand je réfléchis à la manière dont il avait repris notre service, je crois bien qu'il avait effectivement réalisé un cycle progressif complet en un an. C'est un excellent souvenir, comme toute expérience de management réussie.

Mais il y a encore des choses qui me gênent dans tout cela, et j'aimerais vous en parler...

L'auteur Avec plaisir !

Le responsable Voilà... tout d'abord, il y a vos termes, et surtout ce mot américain de « manager » !

L'auteur Ah, « manager ». Pour l'instant, nous n'avons rien de mieux à notre disposition. C'est un mot passe-partout que nous employons pour désigner toute personne qui se trouve comme vous en situation de responsabilité, quels que soient son grade, son statut, sa définition de fonction... Un chef de service, un chef de projet, un chef de produit, un chef de division sont des managers au même titre que l'animateur d'un cercle de qualité ou d'un groupe de progrès.

À titre anecdotique, le terme est français, et les étymologies les plus diverses circulent sous la plume des bons auteurs. Il semble qu'il y ait eu un « ménagement » qui signifiait gestion du budget du ménage au 16e siècle, mais aussi que le « manègement » ait désigné la conduite du cheval de manège.

Le manager serait donc un peu gestionnaire, un peu maître de manège. Ces étymologies incertaines ne sont pas pour nous déplaire, d'autant plus que la personne qui a vraiment développé le management (en 1916 !) est un ingénieur des mines de Saint-Etienne, Henri Fayol (1981), qui est très respecté pour cela outre-Atlantique... Mais pardonnez-moi cette longue tirade, le sujet me passionne...

Le responsable Bien sûr... Acceptons donc le terme, à défaut d'une sonorité plus hexagonale. Mais j'ai une autre réaction, plus profonde : votre philosophie de développement constant des personnes m'inquiète : que fait-on de ceux qui sont parvenus en A4 pour toutes leurs activités ?

L'auteur C'est une situation qu'il faut absolument éviter. Le management situationnel doit ici fonctionner comme baromètre pour évaluer régulièrement le degré de développement des personnes selon leurs différentes activités, missions et objectifs.

Trop de A2 ou de A3, et la personne s'épuise. Trop de A1 et le manager s'épuise. Trop de A4... et l'usure du temps guette ! Il faut alors envisager une rotation de poste, un changement d'activités, une mission temporaire, et éviter que la personne ne s'installe dans sa fonction. D'un certain point de vue, la notion même de « fonction », avec tout ce qu'elle suppose de permanence, est limitante pour l'évolution des postes et des personnes. Lorsque cela est possible, il est préférable de parler de missions temporaires, de projets, d'objectifs. C'est d'ailleurs un des thèmes que nous développerons dans un volume consacré au management des personnes sur le moyen/long terme.

Le responsable Tout cela est très juste, mais voyez-vous, cette notion de développement permanent, me paraît à la fois efficace et dangereuse...

L'auteur En quoi pensez-vous qu'un développement permanent des personnes dans le travail peut être dangereux ?

Le responsable C'est-à-dire que ... dans mon entreprise,... ça ne se passe pas tout à fait comme ça ...

L'auteur ...

Le responsable ... Chez nous, voyez-vous, quelqu'un qui développerait les autres se ferait prendre sa place ! Il faut savoir se battre, vous savez...

L'auteur Heureusement ! Mais c'est une règle du jeu, et comme toutes les règles, elle peut changer. Il n'y a d'ailleurs rien d'incompatible pour un manager entre le fait de se battre pour étendre son territoire et le développement des personnes. Bien au contraire, une équipe soudée et des collaborateurs reconnaissants sont les gages d'une bonne efficacité dans le travail et d'une solide réputation face à l'environnement.
D'ailleurs, il faut bien former les futurs managers, et je sais que vous êtes de ceux qui ont contribué au développement de

personnes de grande valeur, qui occupent des postes variés dans la société. Voilà un réseau enviable ! Mais, au fait, vous-même, comment avez-vous appris à devenir manager ?

Le responsable Comme beaucoup, avec mon manager... et puis en faisant mon propre apprentissage sur le terrain. Il est d'ailleurs vraisemblable que si j'avais pu utiliser vos techniques dans les premières années de ma carrière, j'aurais évité certaines erreurs et je serais allé plus vite dans la maîtrise du métier.

L'auteur C'est effectivement dans les cinq premières années de la carrière que la formation au management situationnel est la plus efficace. Les responsables sont alors très réceptifs à l'entraînement et peuvent forger leurs propres techniques en appui sur les méthodes situationnelles. Mais l'apprentissage du management est à la mesure de la diversité des personnes dont nous avons la responsabilité, et se poursuit tous les jours.

Le responsable Certainement. Je suis d'ailleurs convaincu de la validité d'un tel entraînement, mais à condition qu'il soit collectif, c'est-à-dire que les managers jouent le jeu à tous les niveaux de l'entreprise, sinon...

L'auteur Bien entendu. Le management situationnel ne vise pas simplement la formation de bons managers, mais bien le développement, par une façon particulière d'exercer la fonction de responsable d'unité ou de projet, du plus grand nombre de personnes dans l'entreprise. C'est d'ailleurs la manière dont les entreprises pour lesquelles nous travaillons mettent en œuvre la méthode, comme nous allons le développer au cours des chapitres suivants...

CHAPITRE 6

POUR DEVENIR UN MANAGER SITUATIONNEL
Un programme d'entraînement

Les techniques situationnelles sont utilisées :

1. Pour le diagnostic de la situation de management

- *Au cours de séminaires de formation.*
- *Sous forme d'un check-up approfondi qui nécessite un dispositif approprié. Ce dispositif peut faire partie des systèmes d'aide au management de l'entreprise ou être mis en œuvre à la demande par une équipe de consultants extérieurs.*

2. Pour l'entraînement et la formation

- *Au management des individus dans les situations quotidiennes de fixation d'objectifs, conseil, critique, résolution de problèmes, etc.*
- *Au management des individus à l'horizon annuel par le calibrage des objectifs et des missions et l'établissement du « contrat de management ».*
- *Au management des individus sur le moyen et le long terme par l'orchestration de la motivation et le développement des compétences.*
- *Au management des groupes et des équipes, qui inclut la notion de « projet unité ».*

3. Pour le conseil personnalisé

- *Sous forme d'entretiens individuels entre managers et consultants afin d'assurer une bonne mise en pratique des méthodes proposées.*

1. UN INSTRUMENT DE DIAGNOSTIC

Un des premiers usages de la méthode concerne donc le diagnostic de la situation du manager et de ses styles.

1.1 LE PRINCIPE DU « CHECK-UP »

Les outils d'autodiagnostic du type de ceux proposés dans ces pages nous ont servi à introduire le lecteur de façon dynamique et personnalisée aux méthodes du management situationnel. Nous les utilisons dans les séminaires pour le même usage.

Pour réaliser un véritable diagnostic, nous employons des questionnaires qui examinent différents registres et actes du management : délégation, planification, contrôle, prise de décision, soutien effectif des collaborateurs dans le travail, usage des stimulants positifs, etc.

Ces outils sont remplis séparément par le manager et ses collaborateurs, les résultats sont dépouillés par un tiers extérieur (responsable du personnel ou consultant). Les décalages de perception sont mis en évidence et analysés, d'abord avec le manager puis avec le groupe de collaborateurs. Ils servent de base à la mise au point d'un plan d'action lorsque cela est nécessaire.

1.2 UN DISPOSITIF AD HOC

Le check-up repose donc sur un dispositif qui peut être interne à l'entreprise ou externe :

L'entreprise peut, en effet, disposer d'un système interne conçu à cet effet ou décider de le mettre en place à la suite d'une action de développement des managers. C'est le cas de grandes entreprises largement dotées en outils d'aide au management. L'opération est alors conduite par un responsable des services du personnel.

Lorsque l'entreprise ne dispose pas d'un tel système, le recours aux consultants extérieurs est nécessaire, avec deux possibilités de mise en œuvre :

- Une formule du type de celle que nous venons de décrire, appuyée sur des instruments d'évaluation quantitative, avec dépouillement en commun.
- Une formule plus proche de l'audit dans laquelle un consultant rencontre séparément le manager et chacun des membres de l'équipe pour un entretien approfondi (ce qui n'exclut d'ailleurs pas l'utilisation de questionnaires).

Les deux procédés ont en commun de permettre une rencontre entre le manager et son groupe orchestrée par un tiers extérieur qui régule les échanges. Nous utilisons le premier avec les équipes dont le fonctionnement est satisfaisant. Il s'agit alors de donner au responsable un feed-back authentique et précis sur la manière dont il manage et d'évaluer avec lui et l'ensemble de son équipe les évolutions à prévoir.

Nous utilisons le deuxième avec les équipes dont le fonctionnement est insatisfaisant, ou qui rencontrent des problèmes relationnels. Des entretiens personnalisés avec les membres de l'équipe permettent de saisir la nature des difficultés rencontrées et de mettre en œuvre une intervention adaptée.

Ces interventions sont suivies de la mise en place d'un outil de contrôle des résultats et d'un rendez-vous à six mois, puis à un an pour évaluer les progrès réalisés. Nous utilisons un « tableau de bord » simplifié de fonctionnement de l'équipe, qui est rempli au départ, puis lors de chaque rencontre. Les évolutions sont analysées et servent de base aux sessions de travail.

1.3 LE CHOIX DU BON MOMENT

La condition d'existence de ces dispositifs de diagnostic, en France, est bien entendu le volontariat. C'est au manager de prendre l'initiative de déclencher la mise en place du système avec l'accord de ses collaborateurs.

Le moment de la mise en œuvre doit alors être bien choisi. Trop tôt dans la vie de l'équipe, et celle-ci ne sera pas assez autonome pour utiliser pleinement une telle méthode participative. Trop tard, et l'intervention ne sera plus nécessaire (parce que l'équipe fonctionne de façon pleinement satisfaisante), ou rendue difficile (parce que les problèmes rencontrés se sont cristallisés et auront entraîné des départs et des exclusions).

L'intervention est évidemment de peu d'intérêt lorsque les énergies de certains sont consacrées à quitter le service ! C'est donc dans les périodes intermédiaires, lorsque les équipes sont constituées et disposent d'une autonomie moyenne que l'intervention est la plus efficace.

Précisons que ces méthodes de diagnostic prennent leur plein impact après une action de développement des managers. Ceux-ci sont alors à même d'en saisir le sens et la portée, et de choisir le moment de la réaliser, s'ils le souhaitent.

Certains managers pratiquent d'ailleurs des évaluations analogues. Des chefs de projets mettent en place des séances de bilan à la fin de ceux-ci, pour analyser les réalisations techniques, les conditions de la gestion du projet et du management de l'équipe. L'entretien annuel est aussi un excellent moment pour obtenir de certains collaborateurs une information sur la manière dont ils perçoivent le management de l'équipe.

Toutes ces occasions sont complémentaires et permettent aux responsables de mieux ajuster la perception qu'ils ont de leurs styles avec celle qu'en ont leurs collaborateurs pour rendre leur management plus efficace.

Mais le management situationnel ne se contente pas d'être un outil de diagnostic. Son rôle est aussi de permettre la formation et le développement des managers. Pour cela, deux grands axes d'entraînement : le management des individus (en situation quotidienne, sur l'année, ou sur le plus long terme) et le management des groupes et des équipes (en situation quotidienne et sur l'ensemble de leur durée de vie).

2. L'ENTRAÎNEMENT ET LA FORMATION

2.1 LES SITUATIONS QUOTIDIENNES

Un premier registre d'applications concerne les interactions quotidiennes avec les collaborateurs pris individuellement. Ce sont là des situations fréquentes de définition d'objectifs, de résolution de conflits, de critique et de réponse aux critiques, de résolution de problème, etc.

Le management situationnel propose pour tous ces cas des stratégies efficaces pour aider le manager à adapter son style à l'autonomie de ses collaborateurs et faire évoluer la situation vers des positions plus contractuelles et délégatives (A3/M3 ou A4/M4).

Ce travail s'appuie sur une expérience réfléchie des relations humaines combinée à une analyse de la structure des situations. Il se conduit en séminaires et s'appuie sur une connaissance des techniques de base de communication développées depuis des années dans nombre de séminaires dits « de relations humaines ». Le management situationnel s'appuie alors sur des disciplines comme l'Analyse Transactionnelle, la méthode

Gordon, ou la Programmation Neuro Linguistique. Il permet de définir des règles opératoires qui répondent aux questions du type :

Quelles sont les situations les plus courantes par lesquelles un manager passe lorsqu'il est en interaction avec ses collaborateurs ? Quels sont les styles de base dans lesquels ces situations se managent ?

Plus précisément : avec quel style démarrer l'interaction, par quels styles passer, quel dosage des styles prévoir, où conclure ?

Comment mettre en œuvre les formes diverses du M2 (explicatif et persuasif), du M3 (conseil ou négociation), du M4 (paliers progressifs de délégation), pour quel type de situation ?

Comment tenir compte de l'évaluation de l'autonomie dans le choix des styles, réaliser des tests et poser des questions-clefs ?

Nous envisagerons ces questions dans le volume deux de cette série, qui sera exclusivement consacré au management des situations d'entretiens professionnels.

2.2 LE CONTRAT DE MANAGEMENT ET LES OBJECTIFS ANNUELS

Un deuxième registre concerne tout ce qui relève d'une conception plus globale du management dans laquelle le responsable examine les niveaux d'autonomie de chacun de ses collaborateurs face aux objectifs[1] qui leur sont fixés ou qu'ils se sont fixés. Il ne s'agit plus alors de s'adapter instantanément à une situation, mais d'effectuer les opérations suivantes :

---

1 Pour simplifier, nous utiliserons dans cette rubrique le terme d'« objectif » pour désigner l'ensemble des activités, missions, projets et objectifs qui peuvent être confiés à un collaborateur.

LE CALIBRAGE DES OBJECTIFS, qui est l'opération par laquelle le manager examine l'autonomie d'un collaborateur pour chaque objectif et détermine un ou plusieurs styles appropriés.

LA MISE AU POINT DU CONTRAT DE MANAGEMENT, qui est l'opération par laquelle le manager examine avec ses collaborateurs les styles qu'il compte adopter au cours de l'année et passe contrat avec ceux-ci quant à la manière de travailler en commun au cours de la durée des objectifs (l'année, s'il s'agit d'un système d'entretiens annuels).

LA MISE EN COHÉRENCE AVEC LE DÉVELOPPEMENT DE LA PERSONNE : ces deux opérations s'appuient sur un examen approfondi de l'ensemble des objectifs, de leur cohérence entre eux, et du lien avec le développement à moyen et long terme de la personne (mobilité, orientation de carrière, formation, etc.).

L'évaluation sur une longue durée de l'autonomie se fait alors « sur table », dans le calme relatif d'un bureau (au cours, par exemple, de la préparation d'un entretien annuel). Nous utilisons pour cela une méthode d'évaluation qui sépare la compétence et la motivation. La recombinaison des deux valeurs, qui tient compte des déphasages, détermine l'autonomie résultante.

Cette question sera traitée dans le volume de cette série consacré au management des individus sur le moyen/long terme, qui inclut aussi le management de la motivation.

2.3 L'ORCHESTRATION DE LA MOTIVATION ET LE DÉVELOPPEMENT DES COMPÉTENCES

Il s'agit ici d'un troisième niveau de management, qui concerne le moyen et long terme, et requiert une connaissance plus fine des individus, des ressorts intérieurs sur lesquels s'appuie leurs motivations, de leur manière particulière d'apprendre et de développer leurs compétences, de leur capacité à s'approprier leurs missions et à enrichir leur cadre de travail. L'essentiel de ces questions se traite dans une relation suivie que le manager situationnel entretient avec ses collaborateurs.

Pour bien connaître les personnes avec lesquelles il travaille, celui-ci doit disposer de moyens simples, car il n'est pas question de se transformer en psychologue des profondeurs ou de brandir au visage d'une équipe de collaborateurs interloqués une batterie de tests. Il faut donc utiliser comme matériau les propos et les réactions quotidiennes des individus, qui constituent une information facilement disponible, peu coûteuse à acquérir, et terriblement signifiante pour qui sait l'utiliser[1].

Nous avons réalisé pour cela une synthèse entre les techniques situationnelles et la Programmation Neuro Linguistique, qui est une approche efficace et pragmatique de la communication qui offre un ensemble de techniques pour développer le sens de l'observation, la capacité à recueillir l'information signifiante (par l'orientation du dialogue et du questionnement), la qualité de l'analyse des propos et des réactions des interlocuteurs, l'habileté à créer des situations-tests et à analyser les résultats.

Ce recueil d'information sur les motivations et les compétences des individus relève d'un entraînement dont nous donnerons les bases dans le volume consacré au management du moyen et long terme.

---

1 Précisons que, sans les rejeter, nous n'utilisons pas les approches du type « connaissance du caractère » par la graphologie, la morphopsychologie, ou tout autre moyen de cet ordre.

2.4 LE MANAGEMENT DES GROUPES

Un volume spécial sera consacré au management des groupes de travail et des équipes. Ce volume abordera notamment les questions suivantes :

L'autonomie des groupes

Le premier outil nécessaire au management situationnel d'un groupe est une méthode permettant d'évaluer l'autonomie de celui-ci, en réunion et hors réunion. Indépendamment de l'autonomie propre des personnes, nous définissons différentes étapes de progression de l'autonomie :

Pour un groupe de travail dont les membres travaillent ensemble de façon sporadique (un cercle de qualité ou de progrès, un groupe de travail exceptionnel, une « task force », un groupe-projet, etc.).

Pour une équipe de travail dont les membres travaillent ensemble de façon régulière.

Le développement des groupes

Les cycles progressifs/régressifs et le double mécanisme d'adaptation/progression s'exercent avec les groupes comme avec les individus. La différence réside dans le caractère plus systématique de la progression de l'autonomie du groupe, qui passe par des étapes incontournables. Il est donc particulièrement important pour un manager d'identifier ces étapes (avec leurs points de transition), et de s'entraîner à exercer les comportements qui favorisent leur franchissement pour conduire le développement des groupes et des équipes.

Nous envisagerons pour cela :

- Les moyens pratiques à mettre en œuvre pour faire franchir à un groupe les différentes étapes de l'autonomie, en distinguant différentes sortes de groupes selon leur degré de régularité, mais aussi selon leurs finalités (résolution de problèmes, créativité...).

- Le dosage des styles à prévoir à certains moments-clefs de cette progression et les méthodes de travail les plus adaptées pour un groupe, selon son objectif et son niveau d'autonomie.
- La manière de gérer des situations courantes ou délicates : constitution ou reprise d'équipe, arrivée dans une équipe constituée, animation des réunions selon l'autonomie du groupe, etc.

Le projet unité

Le passage par un projet mobilisateur est une des étapes essentielles dans le développement de l'autonomie d'une équipe ou d'un groupe. Le rôle du manager, dans cette étape, est d'abord de rechercher la « vision » à moyen terme qui portera le projet, puis d'envisager la stratégie progressive par laquelle l'équipe pourra vivre et se développer, avec tous les aspects de formation, de négociation, d'information que cela suppose.

Les systèmes d'appui

Ce quatrième point concerne les dispositifs sur lesquels un manager peut s'appuyer pour accompagner la progression d'un groupe dont il a la responsabilité.

Certaines entreprises sont maintenant dotées de nombreux systèmes d'aide au management : système d'évaluation et d'orientation (objectifs, entretiens annuels), projet et valeurs d'entreprise, gestion de la qualité globale, management participatif, etc. Notre propos sera d'indiquer quel usage peut être fait de ces dispositifs pour aider une équipe ou un groupe à progresser en autonomie et à quel moment il est judicieux pour un manager de s'appuyer sur un dispositif donné.

3. LE CONSEIL PERSONNALISÉ

Cette formule de travail est issue de nos constatations pratiques sur le terrain et des attentes des managers qui ont participé à de nombreuses sessions. Elle était, bien sûr, probable à la lecture des chapitres sur l'individualisation par lesquels commence ce livre.

Notre méthode consiste à mener, sous le sceau du secret professionnel, des entretiens individuels avec les managers entre les sessions de formation collective. Le but est d'aider ceux-ci à mieux diagnostiquer leur situation et à définir un objectif précis d'amélioration de leur mode de management. Les objectifs sont très divers et peuvent être de nature technique : préparation d'une réunion exceptionnelle, amélioration de l'écoute d'un collaborateur, savoir imposer une mesure à un groupe, etc. Ils peuvent aussi être plus personnalisés, et nous définissons alors, dans une relation de confiance consultant-responsable, le changement le plus « économique » pour que le manager progresse en efficacité et en bien-être personnel dans son métier.

CHAPITRE 7

UN OUTIL POUR LE DÉVELOPPEMENT DE L'ENTREPRISE
Comment passer à la mise en œuvre ?

Le management situationnel est un ensemble aujourd'hui très complet de méthodes permettant :

- *De poser un diagnostic sur l'état du management d'une entreprise ou d'un secteur.*
- *De mettre en place un dispositif d'aide au management et d'accompagner sa mise en place.*
- *De développer une catégorie de manager ou un secteur et d'accompagner cette évolution.*
- *De créer ou de revitaliser une culture interne de management, support de la culture de l'entreprise.*

L'efficacité de l'intervention passe par un engagement réel de la direction générale, une adhésion aux valeurs de la méthode, et la mise au point de relais pour assurer une bonne intégration dans l'entreprise.

1. LE DIAGNOSTIC DU MANAGEMENT

Ce diagnostic peut être conduit par des consultants extérieurs ou internes, à l'aide de techniques d'enquêtes et d'étude ou à propos d'une action de développement fondée sur le management situationnel.

C'est l'occasion pour l'entreprise de réaliser un auto-diagnostic qui permette :

- De repérer les styles de management utilisés par ses responsables.
- D'évaluer l'adéquation de ces styles avec l'autonomie des individus.
- D'évaluer l'adéquation de ces styles avec les systèmes d'aide au management existants.
- De revitaliser ou de faire évoluer ces systèmes.
- De créer ceux qui semblent utiles en donnant du sens et de l'intérêt à cette création pour les managers.
- Etc...

Nous voudrions à ce propos souligner que s'il se dégage aujourd'hui un large consensus sur la nécessité de développer les hommes pour parvenir à la performance de l'entreprise, beaucoup d'organisations n'ont pas encore acquis une expérience et une maturité suffisantes dans ce domaine. Ceci rend difficile l'ancrage des actions menées dans un passé riche et dans une tradition culturelle, d'où les effets de mode (l'attrait successif pour le contrôle de gestion, la qualité, la compétitivité, la communication, le projet d'entreprise, etc.) et les emprunts plus ou moins heureux aux cultures extérieures (avec le Japon comme pays vedette).

Nous connaissons plusieurs entreprises qui ont ainsi mis en œuvre des systèmes pour découvrir après coup les implications de ces dispositifs pour les responsables. Comment s'étonner que ceux-ci, malgré une bonne volonté évidente (A2), ne soient pas les moteurs d'un développement qu'ils ne comprennent pas, qui semble menacer les fondements même de leur autorité, et qu'ils ne situent pas dans une perspective d'évolution d'ensemble des mœurs et des attitudes dans l'entreprise et en dehors ?

Le diagnostic de l'état du management est donc un des facteurs de réusssite de la mise en œuvre d'un dispositif interne, quel qu'il soit.

2. L'INTERVENTION : CONSEIL ET FORMATION

Le deuxième facteur de réussite est, bien sûr, la conduite efficace de l'intervention. Le management situationnel, en tant qu'instrument de formation et d'entraînement des managers, peut ainsi aider à réussir la mise en œuvre d'un projet interne.

Mais il peut être aussi le support de la création d'une culture de management qui rend possible bien des projets. C'est ce que nous voudrions aborder maintenant en examinant successivement les différentes formules d'implantation possibles, puis les conditions d'efficacité de cette implantation.

Plusieurs approches sont possibles, le choix d'une démarche dépendant de la culture propre à l'entreprise et de ses ambitions par rapport à une telle méthode. Actuellement, nous travaillons sur trois types de projets.

2.1. ACCOMPAGNER LA MISE EN ŒUVRE D'UN DISPOSITIF DE MANAGEMENT

Il s'agit ici de coupler une formation des managers avec la mise en place d'un dispositif interne : management par objectifs, entretiens annuels, cercles de progrès, groupes-projets, etc.

Lorsque le dispositif adopté et le moment de l'implantation sont bien choisis (cf. le paragraphe précédent sur le diagnostic), l'action management situationnel permet aux managers de mieux intégrer cette opération dans un ensemble plus vaste et de la mettre en œuvre en lui donnant du sens et de la valeur.

2.2. ACCOMPAGNER L'ÉVOLUTION D'UNE CATÉGORIE DE MANAGERS

C'est une autre formule de mise en œuvre sectorielle, lorsqu'une catégorie précise de managers est appelée à voir évoluer sa fonction, ou à recevoir une identité nouvelle, des pouvoirs nouveaux, etc. Le management situationnel peut alors être un instrument d'aide à la construction de cette identité.

Les deux formules précédentes sont efficaces, mais sectorielles, ce qui limite l'impact de l'opération. Dans le premier cas, on associe la méthode à un dispositif précis (auquel elle lie son sort) et on ne la propose qu'aux seuls managers appelés à utiliser le dispositif en question ; dans le deuxième cas, on limite son usage à une catégorie précise de managers.

2.3. METTRE EN ŒUVRE UNE CULTURE COMMUNE DE MANAGEMENT

C'est, bien sûr, l'action dans laquelle le management situationnel peut donner sa pleine mesure et permettre une évolution des « règles du jeu » à l'intérieur de l'entreprise. On peut d'ailleurs y être conduit à partir d'une des deux formules précédentes.

Nous avons rencontré au cours des dernières années trois situations-types pour ce genre d'action :

La création du secteur « développement du management »

Beaucoup d'entreprises françaises sont actuellement en train de mettre au point une structure légère de quelques personnes, chargées exclusivement de concevoir et de réaliser des programmes de développement pour les responsables. Ces structures existent dans nombre d'entreprises nord-américaines, et sont souvent gérées à la fois par des fonctionnels permanents (responsables du développement des ressources humaines) et par des opérationnels en affectation temporaire.

Le rôle du « développement du management » est de définir une progressivité dans la formation des managers. Dans ce cadre, le management situationnel gagne a être proposé aux managers qui ont entre deux et cinq ans d'expérience, et qui ont déjà suivi des séminaires du type « relations humaines ». Son implantation doit être progressive.

L'aide à la création d'une culture d'entreprise

Nous accompagnons en ce moment plusieurs grandes entreprises qui emploient le management situationnel come une des aides à la conception et à la mise en place du projet d'entreprise. Dans la phase de conception, les valeurs du management situationnel sont présentées à un ensemble de groupes de travail, débattues, et parfois intégrées dans la charte du projet. Dans la phase de mise en œuvre, des actions de formation et de développement des managers permettent de réaliser une intégration entre le projet et les comportements quotidiens.

La revitalisation d'une culture forte

Certaines entreprises possèdent de véritables traditions de management et les réactualisent périodiquement en intégrant les évolutions dans ce domaine. L'action doit alors s'effectuer après avoir vérifié la cohérence entre la culture de l'entreprise et les valeurs de la méthode, page 179. L'objectif est souvent de mélanger des personnes venant de différents secteurs, et de répandre dans l'entreprise une culture de management.

L'INSEP a adapté des programmes et construit des méthodes propres pour plusieurs grandes entreprises françaises et multinationales. La formation a touché plusieurs milliers de managers de tous niveaux.

Les programmes comprennent alors une succession d'opérations :

- de diagnostic initial,
- de conception et d'animation de modules de formation adaptés à la culture de l'entreprise et aux besoins des managers,
- de mise en place ou de revitalisation de dispositifs de gestion des hommes permettant d'utiliser l'expertise acquise (par exemple : entretiens annuels, réunion de service, management par objectifs, etc.),
- de conseil personnalisé,
- de bilans et d'évaluations individuels et collectifs.

Ces opérations sont conduites par des consultants seniors qui proposent un choix et une progressivité dans l'ensemble des méthodes et outils mis au point par l'INSEP au cours des dix dernières années.

3. LES CONDITIONS DE L'EFFICACITÉ

Quatre raisons nous semblent fonder l'efficacité du management situationnel :

1. Il tient compte de l'évolution culturelle et sociale à laquelle chaque membre de l'entreprise est associé dans sa vie hors travail[1].
2. Il anticipe les évolutions à venir à travers le développement de l'autonomie et des styles délégatifs.
3. Il tient compte des situations réelles et ne préconise pas une attitude conçue comme idéale, fût-elle participative. La directivité, les attitudes organisationnelles, très fréquentes sur le terrain, y sont « réhabilitées », mais re-situées dans un ensemble, avec leur portée et leurs limites.

---

1 Une large part est faite dans les actions menées à une exploration de ces évolutions pour permettre aux managers et à l'ensemble du personnel de se situer par rapport à elles.

4. Il permet à chaque manager de construire une stratégie propre de management adaptée à sa situation et d'y intégrer les systèmes de management de l'entreprise.

Pour bénéficier pleinement de ces avantages, quatre conditions doivent être réunies lors de la mise en œuvre :

1. Le souhait réel, accompagné de mesures concrètes, de la part de la Direction Générale de l'entreprise d'affirmer et de promouvoir le métier de manager.

Il est assez significatif de constater que dans leur ouvrage sur les entreprises dites excellentes, les Américains Peters et Waterman n'aient pas fait mention de la façon dont ces entreprises s'appuient sur les responsables à tous niveaux, affirment l'importance de leur action et travaillent par différents moyens à leur donner une image positive d'eux-mêmes et de leur rôle. C'est que, dans le contexte des grandes entreprises nord-américaines, il s'agit d'un acquis. Affirmer un tel principe aurait été un pléonasme.

Mais en France, la situation est différente, car nombre d'organisations des secteurs privé et public souffrent d'un manque cruel de satisfaction des besoins de reconnaissance des individus. Ce manque concerne le personnel, et intervient probablement de manière importante dans la forme, le contenu et la violence de certains mouvements sociaux, mais aussi ceux qui ont en charge la responsabilité du fonctionnement de l'entreprise, et notamment l'encadrement intermédiaire.

Ceci se reflète d'ailleurs dans nos incertitudes de vocabulaire lorsqu'il faut qualifier les personnes qui « exercent des responsabilités d'encadrement » : « directeur », « patron » et parfois « manager » renvoyant aux échelons supérieurs, à la direction générale, « chef » à un style plutôt organisationnel et « responsable » manquant singulièrement de précision,...

2. Un engagement réel, accompagné de mesures concrètes, de la part de la Direction Générale, de s'informer et de se former à ces méthodes.

C'est ici affaire d'exemplarité. L'engagement de la direction est nécessaire pour parvenir à ancrer ces acquis dans une culture commune, déclencher au niveau de l'ensemble des responsables un processus d'apprentissage en commun et assurer la cohérence de l'opération.

Nous avons d'ailleurs mis au point un mode original d'intervention spécifique aux équipes de direction, qui permet aux dirigeants de s'approprier la méthode tout en améliorant les performances de leur équipe.

3. Une cohérence suffisante entre la culture de l'entreprise et les valeurs du management situationnel.

Ce point est particulièrement important, notamment lorsque l'entreprise a déjà formulé son projet et ses valeurs. Nous avons regroupé dans le tableau, page 179, les neuf valeurs de base du management situationnel. Le lecteur y reconnaîtra un résumé des développements de ce livre.

Ce tableau a pour fonction de permettre le débat et d'évaluer la cohérence avec la culture interne d'une entreprise : y a-t-il accord ? veut-on évoluer dans ce sens ? est-on prêt à investir des moyens dans cette évolution ?

Soulignons que cette formalisation ne signifie pas que nous ayons reconnu ces valeurs comme nécessaires mais simplement que nous les savons efficaces pour l'action.

D'un point de vue pratique, un audit culturel rapide est nécessaire pour évaluer les points de compatibilité/incompatibilité et décider ou non de l'action. Si celle-ci est décidée, l'audit sert de base à la mise en

LE SYSTÈME DE VALEURS DU MANAGEMENT SITUATIONNEL

1. Le rôle d'un manager, quelle que soit sa position dans l'organisation, est de créer les conditions permettant à la fois le développement des personnes dont il a la responsabilité et l'atteinte des objectifs de l'organisation.

2. Pour créer ces conditions, aucun style n'est a priori meilleur qu'un autre, aucun trait de personnalité n'est déterminant. On peut toujours apprendre à (mieux) manager les personnes et les groupes. Il existe cependant des contre-indications à l'exercice du management.

3. Le style d'un manager est à la fois le produit de facteurs personnels (tels que l'expérience, la compétence, le caractère, les croyances et les valeurs personnelles) et de l'environnement dans lequel il travaille. Celui-ci comprend la nature des activités, la culture de l'entreprise, le style et les attentes des collègues, du responsable direct, des collaborateurs.

4. L'efficacité à court terme dans l'exercice du management consiste, en adoptant des styles variés, à s'adapter à l'environnement de travail et notamment à l'autonomie professionnelle des individus et des groupes dont on a la responsabilité.

5. Le développement de l'autonomie professionnelle, c'est-à-dire de la compétence et de la motivation des individus et des groupes, contribue à la performance d'ensemble de l'entreprise.

6. L'efficacité à long terme consiste à faire progresser l'autonomie professionnelle des individus et des groupes dont on a la responsabilité et à faire évoluer son environnement de manière à pouvoir adopter des styles de plus en plus participatifs et délégatifs.

7. Cette progression de l'autonomie des individus correspond à un courant culturel profond et donc à une attente qui sera exprimée fortement au cours des années à venir.

suite page 180

suite de la page 179

8. Cette progression ne peut se faire de façon globale, mais doit se réaliser par étapes, mission par mission, objectif par objectif. Seule une approche ponctuelle garantit des résultats durables.

9. Au cours des années à venir, le management progressera vers des positions de plus en plus délégatives, mais les autres styles et modes de management conserveront toute leur valeur. Ils seront d'autant plus utiles que les rotations de poste, les changements de fonction et les structures temporaires seront plus fréquents. Ils seront probablement exercés sous des formes différentes de celles que nous connaissons aujourd'hui.

œuvre. Une entreprise qui aurait formalisé un projet et des valeurs contradictoires ou peu cohérents avec ceux qui sont présentés ici doit éviter d'adopter le management situationnel.

Lorsque le projet d'entreprise est formalisé, la tâche peut être plus rapide. C'est, par exemple, le cas d'une entreprise performante à culture forte : UNISABI (Groupe MARS International), dans laquelle nous avons mené récemment un programme de développement de l'ensemble des managers. Un diagnostic préalable et une concertation avec les responsables de l'entreprise ont permis d'établir la cohérence entre une action « management situationnel » et les valeurs de l'entreprise, qui sont établies depuis plusieurs années.

L'analyse a montré que deux des principes de base de l'entreprise étaient particulièrement en accord avec ceux du management situationnel : la mutualité (retirer de toute relation un bénéfice mutuel) et la responsabilité (confier une responsabilité importante aux collaborateurs). Les évaluations de cette action ont montré une très bonne intégration de la méthode dans l'entreprise.

4. La mise en place de relais qui permettent aux actions de se prolonger.

Trois formules sont à combiner pour assurer une véritable intégration :

- La mise en place d'un système offrant aux managers un entraînement régulier, pendant une période de temps suffisante pour que le management situationnel soit intégré, puis dépassé pour laisser place à d'autres approches.
- Des dispositifs internes qui en assurent la pérennité en renouvelant régulièrement l'intérêt des managers pour ces questions : entretien annuel (au besoin séparé en deux parties : objectifs/évaluation et développement/orientation), check-up, développement du management, détection de potentiels, détection de futurs managers, etc.
- La poursuite du « conseil personnalisé ».

BIBLIOGRAPHIE

BLAKE Robert R. et MOUTON Jane S.
Les deux dimensions du management,
Les éditions d'organisation, Paris, 1980, 222 p.
trad. de *The new Managerial Grid,* Gulf Publishing Company, Houston, Texas, 1978

BLANCHARD Kenneth
Le manager minute,
Ministère de l'Industrie et de la Recherche, Centre de Prospective et d'Evaluation, Document n° 18, Paris, 1983, 100 p.
trad. de *The One Minute Manager,* Morrow & Co, New York, 1982

BLANCHARD Kenneth, ZIGARMI Patricia et Drea
Le leader et la minute du succès,
InterEditions, Paris, 1986, 117 p.
trad. de *Leadership and the One Minute Manager,* Morrow & Co, New York, 1985

ETIENNE Jean-Louis,
Le marcheur du pôle,
Robert Laffont, Paris, 1986, 251 p.

FAYOL Henri,
Administration industrielle et générale,
Bordas, Paris, 1981, 156 p.

HERSEY Paul
The Situational Leader,
Warner books, New York, 1984, 128 p.

HERSEY Paul et BLANCHARD Kenneth
Management of Organizational Behavior. Utilizing Human Resources,
Prentice Hall, 1969, 327 p.

INSEE
Tableaux de l'économie française,
Département de la diffusion de l'INSEE, Paris, 1986, 192 p.

LASH Christopher
Le complexe de Narcisse,
Laffont, Paris, 1980
trad. de *The Culture of Narcissism,* Warner books, New York, 1979

LIPOVETSKI Gilles
L'ère du vide,
Gallimard, Paris, 1983, 246 p.

MENDEL Gérard
54 millions d'individus sans appartenance. L'obstacle invisible du septennat,
Robert Laffont, Paris, 1983, 224 p.

MERMET Gérard
Francoscopie
Larousse, Paris, 1986, 428 p.

NAISBITT John, ABURDENE Patricia,
Re-inventing the Corporation. Transforming your Job and your Company for the New Information Society
Macdonald & Co, Londres, 1986, 308 p.

NOYÉ Didier et PIVETEAU Jacques
Guide pratique du formateur,
INSEP Editions, Paris, 3e éd., 1987, 285 p.

PIVETEAU Jacques
Mais comment peut-on être manager ? (!)
INSEP Editions, Paris, 2e éd., 1985, 353 p.

REDDIN William J.
Managerial Effectiveness,
Mac Graw-Hill, New York, 1970, 352 p.

RIESMAN David
La foule solitaire,
Arthaud, Paris, 1964

WATZLAWICK Paul, HELMICK BEAVIN Janet, JACKSON Don D.
Une logique de la communication,
Editions du Seuil, Paris, 1972, 285 p.
tard. de *Pragmatics of Human Communication,*
Norton & Co, New York, 1967

WEIL Pascal
Et moi, émoi. La communication publicitaire face à l'individualisme,
Editions d'organisation, Paris, 1986, 217 p.

INSEP ÉDITIONS EST UN DÉPARTEMENT DU GROUPE INSEP

Créée en 1967, l'INSEP est une Société de Conseil, d'Études, de Formation et d'Éditions.

INSEP S.A. et sa filiale, INSEP OUEST, ont acquis la confiance et la fidélité de nombreuses grandes entreprises et administrations qui apprécient leurs compétences tant dans les domaines techniques (gestion, informatique...) que dans les domaines humains et sociaux propres au monde du travail (management, communication...). Ces organisations reconnaissent leur capacité à développer des actions coordonnées entre ces domaines.

L'INSEP a la préoccupation d'ouvrir l'entreprise à son environnement et de l'aider à distinguer les mutations profondes des formes superficielles relevant plus de la mode que du changement.

L'équipe des formateurs et des consultants de l'INSEP est rassemblée autour de l'idée que la formation est un acte fondamental de la vie sociale et par la volonté de créer un constant développement des individus vers l'autonomie, en particulier par la compréhension de leur environnement.

En 1981, l'INSEP est devenu également éditeur. Les collections « INSEP-ÉDITIONS » ont l'ambition, d'une part, de communiquer à un public plus vaste les réflexions et l'expérience de ses équipes de spécialistes et, d'autre part, d'élargir la réflexion sur l'entreprise par des ouvrages traitant des problèmes de l'homme et de la société aujourd'hui.

Le groupe INSEP est dirigé par Dominique Genelot.

INSEP ÉDITIONS

COLLECTION « PRATIQUES EN QUESTION »
Dirigée par Didier Noyé et Étienne Verne

Didier NOYÉ et Jacques PIVETEAU
- **Guide pratique du formateur** *(3e édition)*
  L'art de concevoir et d'animer une formation

Jacques PIVETEAU
- **L'entretien d'appréciation du personnel**
  Pratiques en question (2e édition)

Jean SUR
- **Émilie ou de l'éducation des adultes**
  Témoignage d'un formateur

Sylvestre CLANCIER et Marcel MOINOT
- **La responsabilité sociale de l'encadrement**
  Une expérience de décentralisation des responsabilités

Didier NOYÉ
- **Animer des réunions d'expression (épuisé)**
  Guide pratique pour les animateurs de l'expression des salariés

Jacques PIVETEAU
- **Mais comment peut-on être manager ? (!)**
  Essai sur le travail des managers (2e édition)

Didier NOYÉ et Christie RAVENNE
- **Animer un cercle de qualité** *(2e édition)*
  Une équipe, un projet, une méthode

Louis SAHUC

- **Comment identifier les futurs managers ?**
  Une approche par les contre-indications

Jacques PIVETEAU et Didier NOYÉ

- **Comment communiquer de façon efficace ?**
  Support de travail personnel

Didier NOYÉ

- **Guide pratique pour maîtriser la qualité totale**
  Principe, méthodes, outils

Catherine BUCHILLET

- **Prendre la parole : guide pratique**
  Pour réussir : exposés, débats, allocutions

Jean BRUN

- **École cherche manager**
  Pour distribuer les rôles, motiver les acteurs, évaluer les résultats, diriger l'établissement

Evelyne SERDJÉNIAN

- **Les femmes et l'égalité professionnelle**
  Des moyens d'action

Etienne VERNE

- **Comment conduire un entretien de recrutement**
  Guide pratique pour les cadres d'entreprise

Dominique TISSIER

- **Management situationnel 1**
  Les voies de l'autonomie et de la délégation

COLLECTION « S'INITIER POUR MAÎTRISER »

Dirigée par Dominique Genelot

Michel POLITIS

- **Pour comprendre l'informatique** *(4e édition)*
  S'initier pour maîtriser

Dominique TISSIER

- **Guide pratique pour la gestion des unités et des projets**
  A l'usage des responsables

André SEIGNEURIN

- **Un nouveau plan comptable...**
  ... Pour les nouveaux gestionnaires

Photocomposition : SEPT
7, impasse Charles-Petit - 75011 Paris

Achevé d'imprimer
par Corlet, Imprimeur, S.A.
14110 Condé-sur-Noireau

N° d'Imprimeur : 3832
Dépôt légal : avril 1988
Imprimé en France

Mise au point du manuscrit
et mise en pages réalisées par
Christine Parise (Insep Éditions)

Maquette de la couverture :
« Des Graphistes »